心一堂術數古籍珍本叢刊

書名：易經占卜靈書──易理鑰

系列：心一堂術數古籍珍本叢刊　占筮類　第三輯　242

作者：【民國】吳文愚

主編、責任編輯：陳劍聰

心一堂術數古籍珍本叢刊編校小組：陳劍聰　素聞　鄒偉才　虛白盧主　丁鑫華

出版：心一堂有限公司

通訊地址：香港九龍旺角彌敦道六一○號荷李活商業中心十八樓○五─○六室

深港讀者服務中心‧中國深圳市羅湖區立新路六號羅湖商業大廈負一層○○八室

電話號碼：(852)9027-7110

網址：publish.sunyata.cc

電郵：sunyatabook@gmail.com

網店：http://book.sunyata.cc

淘寶店地址：https://sunyata.taobao.com

微店地址：https://weidian.com/s/1212826297

臉書：https://www.facebook.com/sunyatabook

讀者論壇：http://bbs.sunyata.cc/

平裝

版次：二零二二年四月初版

定價：港幣　　二百六十八元正
　　　新台幣　九百九十八元正

國際書號：ISBN 978-988-8583-82-9

香港發行：香港聯合書刊物流有限公司

地址：香港新界荃灣德士古道二二○─二四八號荃灣工業中心十六樓

電話號碼：(852)2150-2100

傳真號碼：(852)2407-3062

電郵：info@suplogistics.com.hk

網址：http://www.suplogistics.com.hk

台灣發行：秀威資訊科技股份有限公司

地址：台灣台北市內湖區瑞光路七十六巷六十五號一樓

電話號碼：+886-2-2796-3638

傳真號碼：+886-2-2796-1377

網絡書店：www.bodbooks.com.tw

台灣秀威書店讀者服務中心：

地址：台灣台北市中山區松江路二○九號一樓

電話號碼：+886-2-2518-0207

傳真號碼：+886-2-2518-0778

網絡書店：http://www.govbooks.com.tw

中國大陸發行　零售：深圳心一堂文化傳播有限公司

深圳地址：深圳市羅湖區立新路六號羅湖商業大廈負一層○○八室

電話號碼：(86)0755-82224934

心一堂微店二維碼

心一堂淘寶店二維碼

# 心一堂術數古籍 珍本 整理 叢刊 總序

## 術數定義

術數，大概可謂以「推算（推演）、預測人（個人、群體、國家等）、事、物、自然現象、時間、空間方位等規律及氣數，並或通過種種『方術』，從而達致趨吉避凶或某種特定目的」之知識體系和方法。

## 術數類別

我國術數的內容類別，歷代不盡相同，例如《漢書·藝文志》中載，漢代術數有六類：天文、曆譜、五行、蓍龜、雜占、形法。至清代《四庫全書》，術數類則有：數學、占候、相宅相墓、占卜、命書、相書、陰陽五行、雜技術等，其他如《後漢書·方術部》、《藝文類聚·方術部》、《太平御覽·方術部》等，對於術數的分類，皆有差異。古代多把天文、曆譜、及部分數學均歸入術數類，而民間流行亦視傳統醫學作為術數的一環；此外，有些術數與宗教中的方術亦往往難以分開。現代民間則常將各種術數歸納為五大類別：命、卜、相、醫、山，通稱「五術」。

本叢刊在《四庫全書》的分類基礎上，將術數分為九大類別：占筮、星命、相術、堪輿、選擇、三式、讖諱、理數（陰陽五行）、雜術（其他）。而未收天文、曆譜、算術、宗教方術、醫學。

## 術數思想與發展——從術到學，乃至合道

我國術數是由上古的占星、卜筮、形法等術發展下來的。其中卜筮之術，是歷經夏商周三代而通過「龜卜、蓍筮」得出卜（筮）辭的一種預測（吉凶成敗）術，之後歸納並結集成書，此即現傳之《易

經》。經過春秋戰國至秦漢之際，受到當時諸子百家的影響、儒家的推崇，遂有《易傳》等的出現，原本是卜筮術書的《易經》，被提升及解讀成有包涵「天地之道（理）」之學。因此，《易‧繫辭傳》曰：「易與天地準，故能彌綸天地之道。」

漢代以後，易學中的陰陽學說，與五行、九宮、干支、氣運、災變、律曆、卦氣、讖緯、天人感應說等相結合，形成易學中象數系統。而其他原與《易經》本來沒有關係的術數，如占星、形法、選擇，亦漸漸以易理（象數學說）為依歸。《四庫全書‧易類小序》云：「術數之興，多在秦漢以後。要其旨，不出乎陰陽五行，生尅制化。實皆《易》之支派，傳以雜說耳。」至此，術數可謂已由「術」發展成「學」。

及至宋代，術數理論與理學中的河圖洛書、太極圖、邵雍先天之學及皇極經世等學說給合，通過術數以演繹理學中「天地中有一太極，萬物中各有一太極」（《朱子語類》）的思想。術數理論不單已發展至十分成熟，而且也從其學理中衍生一些新的方法或理論，如《梅花易數》、《河洛理數》等。

在傳統上，術數功能往往不止於僅僅作為趨吉避凶的方術，及「能彌綸天地之道」的學問，亦有其「修心養性」的功能，「與道合一」（修道）的內涵。《素問‧上古天真論》：「上古之人，其知道者，法於陰陽，和於術數。」數之意義，不單是外在的算數、歷數、氣數，而是與理學中同等的「道」、「理」--心性的功能，北宋理氣家邵雍對此多有發揮：「聖人之心，是亦數也」、「萬化萬事生乎心」、「心為太極」。《觀物外篇》：「先天之學，心法也。……蓋天地萬物之理，盡在其中矣，心一而不分，則能應萬物。」反過來說，宋代的術數理論，受到當時理學、佛道及宋易影響，認為心性本質上是等同天地之太極。天地萬物氣數規律，能通過內觀自心而有所感知，即是內心也已具備有術數的推演及預測、感知能力；相傳是邵雍所創之《梅花易數》，便是在這樣的背景下誕生。

《易‧文言傳》已有「積善之家，必有餘慶；積不善之家，必有餘殃」之說，至漢代流行的災變說及讖緯說，我國數千年來都認為天災，異常天象（自然現象），皆與一國或一地的施政者失德有關；下

至家族、個人之盛衰，也都與一族一人之德行修養有關。因此，我國術數中除了吉凶盛衰理數之外，人心的德行修養，也是趨吉避凶的一個關鍵因素。

## 術數與宗教、修道

在這種思想之下，我國術數不單只是附屬於巫術或宗教行為的方術，又往往是一種宗教的修煉手段——通過術數，以知陰陽，乃至合陰陽（道）。「其知道者，法於陰陽，和於術數。」例如，「奇門遁甲」術中，即分為「術奇門」與「法奇門」兩大類。「法奇門」中有大量道教中符籙、手印、存想、內煉的內容，是道教內丹外法的一種重要外法修煉體系。甚至在雷法一系的修煉上，亦大量應用了術數內容。此外，相術、堪輿術中也有修煉望氣（氣的形狀、顏色）的方法；堪輿家除了選擇陰陽宅之吉凶外，也有道教中選擇適合修道環境（法、財、侶、地中的地）的方法，以至通過堪輿術觀察天地山川陰陽之氣，亦成為領悟陰陽金丹大道的一途。

## 易學體系以外的術數與的少數民族的術數

我國術數中，也有不用或不全用易理作為其理論依據的，如揚雄的《太玄》、司馬光的《潛虛》。也有一些占卜法、雜術不屬於《易經》系統，不過對後世影響較少而已。

外來宗教及少數民族中也有不少雖受漢文化影響（如陰陽、五行、二十八宿等學說。）但仍自成系統的術數，如古代的西夏、突厥、吐魯番等占卜及星占術，藏族中有多種藏傳佛教占卜術、苯教占卜術、擇吉術、推命術、相術等；北方少數民族有薩滿教占卜術；不少少數民族如水族、白族、布朗族、佤族、彝族、苗族等，皆有占雞（卦）草卜、雞蛋卜等術，納西族的占星術、占卜術，彝族畢摩的推命術、占卜術……等等，都是屬於《易經》體系以外的術數。相對上，外國傳入的術數以及其理論，對我國術數影響更大。

## 曆法、推步術數與外來術數的影響

我國的術數與曆法的關係非常緊密。早期的術數中，很多是利用星宿或星宿組合的位置（如某星在某州或某宮某度）付予某種吉凶意義，并據之以推演，例如歲星（木星）、月將（某月太陽所躔之宮次）等。不過，由於不同的古代曆法推步的誤差及歲差的問題，若干年後，其術數所用之星辰的位置，已與真實星辰的位置不一樣了；此如歲星（木星），早期的曆法及術數以十二年為一周期（以應地支），與木星真實周期十一點八六年，每幾十年便錯一宮。後來術家又設一「太歲」的假想星體來解決，是歲星運行的相反，週期亦剛好是十二年。而術數中的神煞，很多即是根據太歲的位置而定。又如六壬術中的「月將」，原是立春節氣後太陽躔娵訾之次，當時沈括提出了修正，但明清時六壬術中「月將」仍然沿用宋代沈括修正的起法沒有再修正。

由於以真實星象周期的推步術是非常繁複，而且古代星象推步術本身亦有不少誤差，大多數術數除依曆書保留了太陽（節氣）、太陰（月相）的簡單宮次計算外，漸漸形成根據干支、日月等的各自起例，以起出其他具有不同含義的眾多假想星象及神煞系統。唐宋以後，我國絕大部分術數都主要沿用這一系統，也出現了不少完全脫離真實星象的術數，如《子平術》、《紫微斗數》、《鐵版神數》等。後來就連一些利用真實星辰位置的術數，如《七政四餘術》及選擇法中的《天星選擇》，也已與假想星象及神煞混合而使用了。

隨着古代外國曆（推步）、術數的傳入，如唐代傳入的印度曆法及術數，元代傳入的回回曆等，其中我國占星術便吸收了印度占星術中羅睺星、計都星等而形成四餘星，又通過阿拉伯占星術而吸收了其中來自希臘、巴比倫占星術的黃道十二宮、四大（四元素）學說（地、水、火、風），並與我國傳統的二十八宿、五行說、神煞系統並存而形成《七政四餘術》。此外，一些術數中的北斗星名，不用我國傳統的星名：天樞、天璇、天璣、天權、玉衡、開陽、搖光，而是使用來自印度梵文所譯的：貪狼、巨

門、祿存、文曲、廉貞、武曲、破軍等，此明顯是受到唐代從印度傳入的曆法及占星術所影響。如星命術中的《紫微斗數》及堪輿術中的《撼龍經》等文獻中，其星皆用印度譯名。及至清初《時憲曆》，置閏之法則改用西法「定氣」。清代以後的術數，又作過不少的調整。

此外，我國相術中的面相術、手相術，唐宋之際受印度相術影響頗大，至民國初年，又通過翻譯歐西、日本的相術書籍而大量吸收歐西相術的內容，形成了現代我國坊間流行的新式相術。

## 陰陽學──術數在古代、官方管理及外國的影響

術數在古代社會中一直扮演着一個非常重要的角色，影響層面不單只是某一階層、某一職業、某一年齡的人，而是上自帝王，下至普通百姓，從出生到死亡，不論是生活上的小事如洗髮、出行等，大事如建房、入伙、出兵等，從個人、家族以至國家，從天文、氣象、地理到人事、軍事，從民俗、學術到宗教，都離不開術數的應用。我國最晚在唐代開始，已把以上術數之學，稱作陰陽（學），行術數者稱陰陽人。（敦煌文書、斯四三二七唐《師師漫語話》：「以下說陰陽人謾語話」，此說法後來傳入日本，今日本人稱行術數者為「陰陽師」）。一直到了清末，欽天監中負責陰陽術數的官員中，以及民間術數之士，仍名陰陽生。

古代政府的中欽天監（司天監），除了負責天文、曆法、輿地之外，亦精通其他如星占、選擇、堪輿等術數，除在皇室人員及朝庭中應用外，也定期頒行日書、修定術數，使民間對於天文、日曆用事吉凶及使用其他術數時，有所依從。

我國古代政府對官方及民間陰陽學及陰陽官員，從其內容、人員的選拔、培訓、認證、考核、律法監管等，都有制度。至明清兩代，其制度更為完善、嚴格。

宋代官學之中，課程中已有陰陽學及其考試的內容。（宋徽宗崇寧三年〔一一零四年〕崇寧算學令：「諸學生習……並曆算、三式、天文書。」「諸試……三式即射覆及預占三日陰陽風雨。天文即預

定一月或一季分野災祥，並以依經備草合問為通。」

金代司天臺，從民間「草澤人」（即民間習術數人士）考試選拔：「其試之制，以《宣明曆》試推步，及《婚書》、《地理新書》試合婚、安葬，並《易》筮法、六壬課、三命、五星之術。」（《金史》卷五十一·志第三十二·選舉一）

元代為進一步加強官方陰陽學對民間的影響、管理、控制及培育，除沿襲宋代、金代在司天監掌管陰陽學及中央的官學陰陽學課程之外，更在地方上增設陰陽學課程（《元史·選舉志一》：「世祖至元二十八年夏六月始置諸路陰陽學。」）地方上也設陰陽學教授員，培育及管轄地方陰陽人。（《元史·選舉志一》：「（元仁宗）延祐初，令陰陽人依儒醫例，於路、府、州設教授員，凡陰陽人皆管轄之，而上屬於太史焉。」）自此，民間的陰陽術士（陰陽人），被納入官方的管轄之下。

至明清兩代，陰陽學制度更為完善。中央欽天監掌管陰陽學，明代地方縣設陰陽學正術，各州設陰陽學典術，各縣設陰陽學訓術。陰陽人從地方陰陽學肄業或被選拔出來後，再送到欽天監考試。（《大明會典》卷二二三：「凡天下府州縣舉到陰陽人堪任正術等官者，俱從吏部送（欽天監）考中，送回選用；不中者發回原籍為民，原保官吏治罪。」）清代大致沿用明制，凡陰陽術數之流，悉歸中央欽天監及地方陰陽官員管理、培訓、認證。至今尚有「紹興府陰陽印」、「東光縣陰陽學記」等明代銅印，及某某縣某某之清代陰陽執照等傳世。

清代欽天監漏刻科對官員要求甚為嚴格。《大清會典》「國子監」規定：「凡算學之教，設肄業生。滿洲十有二人，蒙古、漢軍各六人，於各旗官學內考取。漢十有二人，於舉人、貢監生童內考取。」學生在官學肄業、貢監生肄業或考得舉人後，經過了五年對天文、算法、陰陽學的學習，其中精通陰陽術數者，會送往漏刻科。而在欽天監供職的官員，《大清會典則例》「欽天監」規定：「本監官生三年考核一次，術業精通者，保題升用。不及者，停其升轉，再加學習。如能黽

勉供職，即予開復。仍不及者，降職一等，再令學習三年，能習熟者，准予開復，仍不能者，黜退。」

《大清律例‧一七八‧術七‧妄言禍福》：「凡陰陽術士，不許於大小文武官員之家妄言禍福，違者杖一百。其依經推算星命卜課，不在禁限。」大小文武官員延請的陰陽術士，自然是以欽天監漏刻科官員或地方陰陽官員為主。

官方陰陽學制度也影響鄰國如朝鮮、日本、越南等地，一直到了民國時期，鄰國仍然沿用着我國的多種術數。而我國的漢族術數，在古代甚至影響遍及西夏、突厥、吐蕃、阿拉伯、印度、東南亞諸國。

## 術數研究

術數在我國古代社會雖然影響深遠，「是傳統中國理念中的一門科學，從傳統的陰陽、五行、九宮、八卦、河圖、洛書等觀念作大自然的研究。……傳統中國的天文學、數學、煉丹術等，要到上世紀中葉始受世界學者肯定。可是，術數還未受到應得的注意。術數在傳統中國科技史、思想史，文化史、社會史，甚至軍事史都有一定的影響。……更進一步了解術數，我們將更能了解中國歷史的全貌。」（何丙郁《術數、天文與醫學中國科技史的新視野》，香港城市大學中國文化中心。）

可是術數至今一直不受正統學界所重視，加上術家藏秘自珍，又揚言天機不可洩漏，「（術數）乃吾國科學與哲學融貫而成一種學說，數千年來傳衍嬗變，或隱或現，全賴一二有心人為之繼續維繫，賴以不絕，其中確有學術上研究之價值，非徒癡人說夢，荒誕不經之謂也。其所以至今不能在科學中成立一種地位者，實有數因。蓋古代士大夫階級目醫卜星相為九流之學，多恥道之；而發明諸大師又故為恍迷離之辭，以待後人探索；間有一二賢者有所發明，亦秘莫如深，既恐洩天地之秘，復恐譏為旁門左道，始終不肯公開研究，成立一有系統說明之書籍，貽之後世。故居今日而欲研究此種學術，實一極困難之事。」（民國徐樂吾《子平真詮評註》，方重審序）

現存的術數古籍，除極少數是唐、宋、元的版本外，絕大多數是明、清兩代的版本。其內容也主要是明、清兩代流行的術數，唐宋或以前的術數及其書籍，大部分均已失傳，只能從史料記載、出土文獻、敦煌遺書中稍窺一鱗半爪。

## 術數版本

坊間術數古籍版本，大多是晚清書坊之翻刻本及民國書賈之重排本，其中豕亥魚魯，或任意增刪，往往文意全非，以至不能卒讀。現今不論是術數愛好者，還是民俗、史學、社會、文化、版木等學術研究者，要想得一常見術數書籍的善本、原版，已經非常困難，更遑論如稿本、鈔本、孤本等珍稀版本。

在文獻不足及缺乏善本的情況下，要想對術數的源流、理法、及其影響，作全面深入的研究，幾不可能。

有見及此，本叢刊編校小組經多年努力及多方協助，在海內外搜羅了二十世紀六十年代以前漢文為主的術數類善本、珍本、鈔本、孤本、稿本、批校本等數百種，精選出其中最佳版本，分別輯入兩個系列：

一、心一堂術數古籍珍本叢刊
二、心一堂術數古籍整理叢刊

前者以最新數碼（數位）技術清理、修復珍本原本的版面，更正明顯的錯訛，部分善本更以原色彩色精印，務求更勝原本。并以每百多種珍本、一百二十冊為一輯，分輯出版，以饗讀者。

後者延請、稿約有關專家、學者，以善本、珍本等作底本，參以其他版本，古籍進行審定、校勘、注釋，務求打造一最善版本，方便現代人閱讀、理解、研究等之用。

限於編校小組的水平，版本選擇及考證、文字修正、提要內容等方面，恐有疏漏及舛誤之處，懇請方家不吝指正。

心一堂術數古籍 珍本　叢刊編校小組
心一堂術數古籍 整理　叢刊編校小組

二零零九年七月序
二零一四年九月第三次修訂

神機妙算
先知先覺
易理鑰

六十四卦
科學研究
易經占卜靈書

## 弁言

易經是難解的書籍普通的人，能解釋易經的很少；從前所出的註解易經的書籍，多是不容易明白的。因爲從前普通的易經書籍，大概全是預備給賣卜人或是儒學家看的；所以普通的人，對于這種書籍便難明白了。

預備給賣卜人看的易經書籍，多是講究占卜的方法以及關于賣卜人職業的事情關于易經的理論，却是很少的預備給儒學家看的易經書籍却

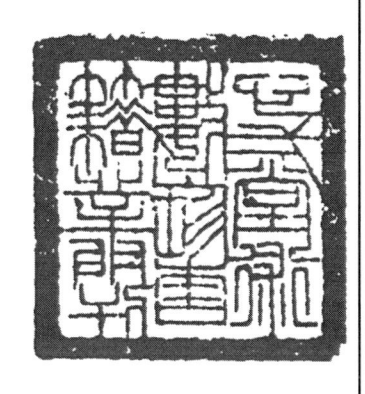

又註重訓詁註釋之學每一個字的講義和一句的解釋往往要長篇累牘，有幾十頁之多；對于易經的本體却是沒有說明。

因為從前的儒學家和賣卜人多是不明白西洋派研究學問的方法，所以不能用科學方法研究易經。因為這個緣故所以現代知識階級的人，對于從前的易經書籍往往不喜歡看，並且看了也不懂。

著者因為要使初學的人研究易經容易明白所以著作本書用科學的研究方法淺顯易明的文字解釋易經以期普通的人全能看了本書的講義，知道易經的精微妙理；看了本書的占法可以隨時應用達到先知先覺的目的。

本書用科學的方法研究易經的道理，所以可作為文學家的新

詳述依據易經的占筮方法，所以可作為賣卜人的指南針講解淺顯文字簡明，所以不論是什麼人看了本書，全能明白。

本書用現代科學的「方法論」在理論的和系統的方面解釋易經；在世上解釋易經的書籍裏邊確是獨一無二的新書。

著者誌

神機妙算先知先覺
六十四卦科學研究
# 易經占卜靈書

## 目　次

# 目　次

目 次

五

# 目 次

六

# 六十四卦科學研究 易經占卜靈書 名一易理編

## ○研究易經之準備知識

### △易經與占卜

生活方面發生疑問須觀易經　近來生活困難，人浮于事，失業的人很多；人類不斷的被恐怖和憂慮所侵襲，往往因為對于自己的運命不知明日如何，以致發生煩惱。我們若是懷中無錢失去職業心中時常憂慮那末，在這個時候，必定要發生「我的命運到底是怎樣呢？這種不好的命運是繼續不改換呢？還是可以改換呢？」的思想。

其實人類在陷于不幸的命運的時候，在一方面固然惱恨自己的不好

二

的命運，直到現在還沒有改換在另一方面，又希望明日的運命可以改換；「易」的解釋，就是改換；易經這部書就是指示改換運命之事理的；人若遭逢不幸的運命，便能依着易經得着安慰了。

現今的世事，非常繁複很能使人類在思想和生活方面發生許多疑難的問題；人類的神經極端的受着環境的威脅然而現代的人因為不明易理，往往以為改換命運的事情是一種不可思議的事情而加以反對。「究竟命運可以改換嗎？」這却是現今時代人類的一個不可思議的大問題了。本書用科學的方法說明易經的道理；解釋易經的言語，也是力求簡明，使現**今時代的知**識階級全能明白。

運的話便要懷疑甚至把它當作迷信的事情而加以反對。「究竟命運可以改換嗎？」

欲知將來命運如何須觀易經　易經是議論人類吉凶禍福大道理的書，有不可思議之力，能把人類現在的命運提拔到較高的地位世人若把易經所說的道理研究到十分精通，便有不可思議的預言自己命運的能力了。

我們若用現今時代科學的方法研究易經，便可知道改換命運的事並非迷信之談了。現今時代的知識階級上的人們，往往崇拜科學而以為易經所說的話，多是迷信之談；其實易經所說的道理全和科學的原理相同我們依據科學的原理把易經研究精通之後，便能依據易經的道理，判斷自身的後來之事了。

歐美的文明國人，也有占卜的事情　非但中國人和日本人，有占卜的事情就是歐美各國的文明人也有與此相同之事。人類對于自己的境況遭

遇疑惑困難危險等事情的時候，非但自己要使用簡單的占卜方法，並且還要請以占卜爲職業的專家用精密的占卜方法斷定吉凶禍福；這種事情不論古今東西全是常有的。西洋人往往要竪一根木棒在地上，依着該棒傾倒之方，決定自己應當進行的方向；除此之外又有轉錢擲骰子等各種占卜的方法。從前托來斯海峽的居民，有用頭顱上的骸骨占卜的事情這種事情也和中國的龜卜，日本的鹿骨卜等方法相同。又有若干西洋人以爲死人的靈魂和神靈等對于人類全能給與特別的宣示所以用人類的心臟脈的肝臟，別種動物的內臟做占卜的事情；歐美的古書中間，往往記載着這種事情又在現今時代美國鄉間的人每逢行祭禮的日子，更有一種女占卜師用占卜的方法替別人判斷運命。印度人裏也有一種占卜師，常到航行至太平洋上

的輪船裏替船上的客人占卜那種占卜的方法，是用金屬做成的針，刺被占者的皮膚取出血來，觀看血色藉以判斷吉凶。西洋各國流行的星占術，也和中國的相面法相仿；全是觀看人的顏面判斷吉凶禍福的事情。世界上的人類，不論男女老幼也不論智愚善惡，往往要被不可思議的賣卜人的魔力所牽引藉着賣卜人的言語，決定自己的運命。像這種情形，到底是人類的共通弱點呢？還是占卜人有不可思議的魔力呢？

總而言之，易經和占卜的事情，不論是否正當，在人類沒有完全消滅之前，總是存在的。

古時之占卜 中國古時的人，在使用筮竹利算木之前，已經用某種原始的方法做卜筮的事情現今所說的龜卜之法在上古時代已經流行了夏

書上曾經說：「官占唯蔽志而命昆元龜；」其他，在中國古書上也有許多龜

卜的事例。中國的古書上說：「夏出洛書聖人則之；」這是說「從洛水裏取

出龜來燒它的甲；看龜甲上的裂紋藉以占卜吉凶」

易經與占卜之區別　普通的人往往要把易經和占卜當作相同的；其

實易經和占卜，卻是有區別的；易經是依着理論判斷吉凶的方法占卜是其

他各種卜法的總稱。本書先述易經的原理，繼續說依據易經的占法在研究

易經之前，須要先有三種準備；在準備的時候，須要有三種工具；現在把這三

種工具記述于後。

　△研究易經之準備

依據易經之占法及需要之工具　在研究易經的占法之前，必須預備

算木和筮竹只研究易經的原理原則，固然不必預備算木和筮竹；但是，研究易經的占法之人卻必須準備算木和筮竹。現在先說明算木，然後說明筮竹的用法。

算木是每一組算木用六個的理由，是根據古時易經學者的學說據古時研究易經的學者說：「陰陽二數和天地人三數相乘得着六數」；所以每一組算木要有六個每一根算木的二面刻着一（陽，其他反對的二面刻着二（陰。

一是陽二是陰的原則，就是易經原理的根本原則。許多

一（陽）和二（陰）組合起來，便生出八個變化如左：

陽）二（陰）組合起來，便生出許多變化來了用三根算木使一（

三 乾 (天)　　三 兌 (澤)　　三 離 (火)　　三 震 (雷)

巽（風）　　坎（水）　　艮（山）　　坤（地）

這八個變化名爲「純八卦」。易經的占法，就是把這種八卦作爲基本，

從此發生出來的。使用六根算木又能發生八個變化如左：

乾（天）　　兌（澤）　　離（火）　　震（雷）

巽（風）　　坎（水）　　艮（山）　　坤（地）

這種八卦名爲「重八卦」使用刻著一（陽）二（陰）兩種的算木六

根，便能變化出六十四卦來在易經中間上經有三十卦下經有三十四卦共

有六十四卦。然而在這六十四卦中間是有重複的所以眞實的變化是上經

十八卦下經十八卦上下相合共有三十六卦。

其次又有用筮竹占卜的方法筮竹的數目普通共有五十根。易

筮竹

經的繫辭傳中曾經說：「大衍之數五十」所以筮竹之數，要用五十根用筮

竹占卜的時候是要數筮竹的數目藉以決定陰陽奇數爲一（陽）偶數爲

一（陰）其他決定陰陽變化的事情也和算木相同明白這種原理，便可不

論用算木或是筮竹全能占卜。

易經　　研究易經占卜的人，須要有易經上下二卷。易經裏的言語全是

古文很難解釋所以初學的人須要用有註解的易經但是各經學家註解易

經的言語不是完全相同的初學的人看見各經學家註解不同，或者要發生

疑問究竟解釋易經須要依着各人自己的智識和經驗以爲論理的根據若

能依據自己的智識和經驗解釋易經，便可得着易經的奇妙趣味。

　易經的成立時期，大約是在距今三千年之前根據各經學家的普通學

說，便可知道周文王把易經分成六十四卦加上「彖辭」，藉以說明每卦全體的意義；周公又在每卦的各爻（每一卦有六爻，一卦可用六根算木組成，所以每一根算木和一爻相當）上，做成爻辭說明各爻的意義以上兩種文章卻和法律書裏的條文相仿。除了這兩種之外又有孔子所做的「易之十翼」這種文辭，又和法律書裏的附屬法以及施行細則相仿。「十翼」中間，有「上象傳」利「下象傳」（全是解釋「彖辭」的）「上象傳」和「下象傳」（全是說明各爻之意義的）「上繫辭傳」和「下繫辭傳」（全是說明易經的成立內容和筮法的）「文言傳」（解釋乾坤二字的意義，（說明八卦的意義），「序卦傳」（說明六十四卦的順序）「雜卦傳」（說明六十四卦裏二卦對立的理由）等十篇文章所以有「十翼」之名。

一〇

## △簡單之易經占卜法

**易經占卜之順序與手續**　易經有上下二册，使用算木和筮竹，便能做

用易經占卜的事情然而用易經占卜的方法却有幾十種。雖然只是使用算

木或是筮竹；然而從易經占卜所得的意義利理論却也是很多的。最簡單的

易經占卜法，是把五十根筮竹放入手中兩手一邊捧着筮竹（兩拳中空空

相抱着使成筒狀以便筮竹能在手心裏自由轉動）一邊搖動使筮竹在手

心裏迴轉之後取出其中的一根，放在桌上。其次把其餘的四十九根用兩手

無心的分（就是不用眼看任意把它分開）成兩份；先把右手取得的一份

放在桌上又把其餘的一份留在左手裏每八根一數依着多餘的數便可擺

出算木如左：

餘數若是一、便得着乾☰天　父

餘數若是二、便得着兌☱澤　少女

餘數若是三、便得着離☲火　中女

餘數若是四、便得着震☳雷　長男

餘數若是五、便得着巽☴風　長女

餘數若是六、便得着坎☵水　中男

餘數若是七、便得着艮☶山　少男

餘數若是沒有餘數、便得着坤☷地　母

現在假定把留在左手裏的筮竹，每八根一數，得着的餘數是七那末，所

得的卦，便是艮（山）☶卦；先用算木三塊，擺出卦形。把這個卦作爲下卦。其

次，再照著前邊的方法把筮竹五十根拿在手中搖動之後取出一根；再把其餘的筮竹，兩手無心的分成兩份先把右手取得的一份放在桌子上次把留在左手裏的一份每八根一數餘數若是二便得著兌（澤）三卦。這次所得的卦名爲上卦，放在起先所得的下卦之上到了這個時候，便得著了一個完全的卦；這個卦名就是「澤山咸」卦得著此卦之後便可展開易經的書本，翻出這個「澤山咸」來觀看其中的文章和註解，判斷吉凶禍福。

在用筮竹和算木的時候，須要用清潔的桌子桌上放著筆筒筆筒裏插著筮竹占卜；占卜的人，須要齋戒沐浴焚香誠心，使精神統一面向南方口唱占卜的呪文然後把筮搖動求占卜的人也要誠心默念占卜的事情除此之外又有複雜的古時占卜式現在把它省去待到後來再當詳述。今把易經的澤山

咸卦展開，便可看見有左邊的文章。

䷞（澤山咸）艮下兌上（彖辭）咸亨利貞娶女吉。

（爻辭）○初六咸于其拇○六二咸于其腓凶居則吉○九三咸于其股，

執其隨往吝。○九四貞吉悔亡憧憧往來朋爾從思。○九五咸于其脢无

悔○上六咸于其輔頰舌。

看了這種文章恐怕不論是什麼人全能講解的。觀看註釋易經的書籍，

又見這種註釋如左：

【象辭之解】此卦兌澤在上艮山在下，山氣下降澤氣上升山澤之二氣

相咸之象又兌之少女在上艮之少男在下；在少男之下者咸于少女在少女

之上者咸于少男男女相咸者莫如少男少女故名曰咸咸者感也皆也同也；

人得此卦，則有意外之吉事；願堂等較他人懇切，必能暢遂其志。

但有色情之煩惱者及行于遠國者無往返之意。此卦在下經之首取象

于夫婦之始，成婚姻之道。故象辭云：娶女吉卦位由男降下至女，故吉。

兌為悅艮為止夫婦之道悅而不止，則未免流于淫蕩，止而不悅則或至

失其觀樂而不淫此婦道所以重利貞也陰陽相濟剛柔相交咸之卦德可謂

全備。

【爻象之解】此卦通觀六爻，則六爻皆應咸和通達，元氣渾合。六爻皆靜，

故為凶。初爻在卦之下其感尚淺其動尚微，故不係于吉凶二爻為腓腓從足

而動。動事雖凶尚足為吉。三爻為股。志在隨人所執亦賤故行則言吝四爻在

三陽之中。為心之位得貞則吉否則凶。五爻為卦主居于兌中脊肉之背不動

之處。感而不感動而不動故無悔上爻居于全卦之上，一身之上發而爲言；然不能以至誠相格徒以美言取喜爲感通之薄者因此六爻之中所感各有淺深。吝吉凶亦各隨其象而著。

看了右邊的文章所起的疑問，就是在該爻辭之中。初六六二、九三、九四、九五上六等的意味頗不容易明白算木六根每一根有一爻的名稱算木六根，從下數起，命名如左。

上 五 四 三 二 初
一 一 一 一 一 一

其爻爲陰的時候，陰的代表數字爲六，把六字加在它的上邊其爻爲陽的時候，陽的代表數字爲九，把九字加在它的上邊每一爻各有一根算木。

一　一　一　上九
九五　九四　九三　九二　初九

上六　六五　六四　六三　六二　初六

八卦之順序　諸君看了前邊所說的話或者要發生兩種疑難的問題。

第一種疑難問題是為什麼艮為山兌為澤所說的少女是什麼呢?此等言語,

乃是依着左邊所說的八卦上的約束而定的。

乾☰天父　兌☱澤少女　離☲火中女　震☳雷長男

巽☴風長女　坎☵水中男　艮☶山少男　坤☷地母

前邊又說數剩餘之數的時候為什樣剩餘一根是☰乾為（天）剩餘

二根是☱兌為澤剩餘三根是☲離為火剩餘四根是☳震為雷剩餘五根是

☴爲風，剩餘六根是☵坎爲水，剩餘七根是☶艮爲山，剩餘八根是☷坤爲

地呢？這種問題應當解決如左：

　　中國的朱晦庵，曾經有依着八卦成立的順序，而決定的約束；必須依着

這種順序而成立的理由，却是沒有的。所以若有別種理由要變更這種順序

的時候，須要規定新的特別的約束。

　　陰陽　在易經方面把陰陽作爲天地萬物的本質的兩面，又把陰陽，解

釋作天地萬物的作用的兩方面用別種言語來說，就是世中的一切事物，是

剛和柔、動和靜、男和女對立的；從動作方面說來，就是動和靜，往和來；從新的

言語解釋，就是積極和消極，又把它配成數字，便可解釋如左：

　　二、四、六、八、十爲陰，

　　一、三、五、七、九爲陽

## 二四六八十爲陰

這個天地陰陽兩極的對立從唯物辯證法論的方面說來，是在易經的方面，把第一主要命題的對立觀念在陽和陰方面表現易經的陽，就是積極的表徵可以用算木的一表示；陰就是消極的表徵，可以用算木 ━━ 表示。易經的陰陽的表徵是一和二；一和二是從男女生殖器的表徵來的從數字的陰性二四六八等的形狀考察起來也可知道：此等形狀全是表徵女子的生殖器又在反對方面，所有一三五七九等文字也是男人生殖器的表徵。

八卦之理由　爲什麼要把乾作爲☰父天，把兌作爲☱少女澤把離作爲☲中女火把震作爲☳長男雷把巽作爲☴長女風，把坎作爲☵中男水把☶作爲少男山，把坤☷作爲母地呢？這種問題可以解釋如下：天（乾）爲純

剛，所以把陽的表徵 ▬ 重起來就是 ䷀卦坤（地）是純陰，所以把 ▬▬ 重起來，就

是 ䷁卦。在易經方面陰陽二性混合的時候，必定把其性很少的方面作為該

卦性之所屬。又在反對方面巽為陰陽相交在陰的一爻陽的二爻之下表現

出來，所以把這個卦作為巽 ䷸長女（風）一陰的一爻在二陽之間表現出

來的時候，便可把它作為離 ䷝中女（火。兌（澤）是陰陽初交二陽之上有

一陰初表出來所以是少女即兌 ䷹澤卦。

　　在反對方面陰陽相交，一陽初來到二陰之下的時候，便可把它作為震

䷲長男（雷）；在中間表現的時候可以作為坎 ䷜中男（水；在一陽二陰

之上表現的時候可以作為艮 ䷳少男（山。

　　筮竹用五十根之理由　　筮竹所以要用五十根的理由根據研究易學

的專家之言，便可知道這種理由是從易經繫辭傳裏的文章來的；那種文章如左：

天一地二天三地四天五、地六天七地八天九地十。

天數五地數五五位相得，天數二十有五地數三十；天地之數五十有五，

此變化而行于鬼神之所以也。

大衍之數五十其用四十有九分而爲二以象兩儀以一象三以四揲之，

以象四時以歸奇于扐而象閏五歲再閏，故再扐而掛（卦）玉後。

該傳的前半篇文章如左：

天數一、三、五、七、九合之則爲二十五。

地數二、四、六、八十合之則爲三十。

照着這種文章看來可見合天地之數得着五十五大衍之數却記在後段的文章中間因爲有「大衍之數五十」的文章所以生出五數之差。但是，不把大衍之數寫作五十五却寫作五十究竟是什麽意義呢？古時的易學家，對于這種道理却也有種種的學說。古時易經學家陸秉曾經說：「古本易經中間本來是寫着大衍之數五十五後世的學者却因爲錯誤脫去五字。」關于不用五十五而用四十九的理由古時的姚信，董遇京房等也有種種學說；然而此等議論很覺繁雜並且對于筮竹的數目也不是必要的這種必須用筮竹四十九根的方法雖然沒有科學的理由但是看了本書後段的文字却也可以明白它的理由所以在這個地方却也不必多說了。

算木用六根之理由　這種理由，在前邊算木的條下已經說過了；從前

的易經學家，曾經說：「陰陽之二乘天地人之三，其數為六」用三根算木，只

能表示八個變化用六根算木，卻能生出六十四個變化所以不用三根算木，

而用六根算木的理由，就是要表示複雜的變化。

## ○得卦之方法

### △占筮之目的

在前章中間曾經說過最簡單的筮法從那種筮法之例看來，可見依據

這種筮法大概也可以明白：「以如何之事為目的」了。這種占筮是以得卦

（即象）為目的；若是沒有得着這種卦象，便不能為易經判斷的前題因為這

種易經判斷的前提和主體，乃是可為本體的「象」得着這個象才能達到

占筮的目的。要得着這個象雖然有種種方法；然而在前章中間，卻已經說過

一個簡單的方法了。這種筮法，雖然也可使用筮竹和算木然而使用筮竹和

算木的占筮，却又有比前邊所說的更加複雜的方法。

　總而言之這種得卦的方法（卽得象之法，）實在是很多的；不論依着

那一種方法全能得着卦象。

　△占筮前之準備

　從前中國的聖人，因爲占筮的緣故，要建造占筮用的房室這種房子名

爲著室朝對南方，中央間放着案桌占筮的人須要在案桌前邊朝北立正然

後占筮。現今的人雖然不能建造專爲占筮之用的房屋却也當選取寂靜淸

潔的房室焚香點燭誠心占筮。

　精神之統一　占筮的人（就是判斷的人，）在占筮之前須要使身心

清靜屏去雜念入力于臍下丹田，進入純一無我之境，然後一邊誠心禱告，一邊做占筮判斷的事情。受判斷的人也要誠心禱告，專門想着求判斷的事情；以期利占筮人的精神合而為一。這種精神統一的事情，在理論方面究竟是否為必要的事情却是另一問題。這種統一精神的事情雖然不能用科學的方法把它說明；然而統一精神之事却有使心思轉換的意義。

最近的時候，英國的某文學家曾經做一部小說，描寫英國最新式超弩級戰鬥艦上某辦事員所做的一日間的日記。該日記中曾經說：「該艦上的全體辦事員每日早晨須要一仝聚集在甲板上，隨着艦上的牧師，一仝祈禱」這種事情實在是不可思議的現今英國的海軍是很精銳的超弩級戰鬥艦，又能表現現代機械的文明，達到極點；然而該艦上辦事的人却要每日早

農祈禱上帝究竟這種事情無非是要使精神統一而已。照着這種事實看來，可見使精神統一之事並不是沒有意味的事情了。所以用易經占卜的人，相信這種道理而使精神統一固然是很好的；就是不相信這種道理不做這種事情，却也未爲不可。

現代之易經占卜　賣卜的人，須要常使精神統一；若不常使精神統一，那末用占筮法所得的判斷，便要不靈；所以賣卜的人，須要繼續着每日使精神統一。

易經占卜之七種禁忌　（一）奸淫強盜、不忠不孝，及其他不正之事，不可占卜自己想要佔别人便宜的事情不可占卜易經上曾經說：「易爲君子謀，不爲小人謀」；所以占卜爲非做惡的事情是不相宜的；占卜的人（即判

斷者）須要把這種道理，對受判斷的人說明，以免占卜不靈。

（二）占卜毫無疑義的事實是不靈驗的；所以請求占卜的人（卽受判斷者，）須要把自己疑惑的事情，請求占卜。

（三）受著別人的請求，做占卜事情的人，須要有看破請求占卜者的眼力和洞察力。若是請求占卜者的心中並沒有需要占卜的事情那末占卜便不靈了。

（四）不可只用一卦占卜：身體上的判斷、疾病、問事等兩三種事情須要以一卦占卜一事爲原則。

（五）不可把同一的事情，再三占卜。所以易經的文章裏有「再三瀆，則不告」的言語。

（六）自己不來請求占卜却教別人來代替請求；那末，占卜便不靈驗了。

（七）占卜的人若不詳知需要占卜的事情的眞相；那末，對于所占卜的事情，便不能判斷了。

　△用筮竹與算木之占筮法

　五十筮說　在易經繫辭傳裏，有「大衍之數五十，其用四十九」的文章；若把這種文章作爲根據；那末用五十根筮竹的道理，便可以明白了占筮的方法，可分三種如左：

　本筮法　（十八變法，三十六變法）　中筮法（六變法）　略筮法（三變法）

　現在把這三種筮法依次解說如左：

甲本筮法（十八變法）　如前所述，在易經的繫辭傳裏，有「大衍之數

五十」的文章所以普通的筮法是要用筮竹五十根。

前邊所說的方法放入手中，一邊心裏禱告，一邊把筮竹迴轉；把其中的一根，

加以「太極」之名從手裏取出來放在別的桌上；在實際方面供占筮之用

的，卻只有四十九根。把這四十九根筮竹，放入兩手中間搖動之後，無我無心

的把這四十九根筮竹分成兩份。這兩份就是象徵陰陽兩儀又在兩份筮竹

中間，把左手的一份作為天把右手的一份作為地先把右手中間的筮竹，放

在桌上從其中取出一根，挾在左手的小指和無名指中間。這種事情名為一

架扐」。把這一根筮竹作為人的象徵從這個象徵便可生出天地人三才來。

其次把左手裏的筮竹每四根一數所以每四根一數的理由是因為把根筮

竹象徵着夏秋冬四季的緣故。（前章所說的每八根一數的理由，也和這種道理相仿。）

照着這樣數剩的數目當然是一或是二或是三或是四。（雖然可以照着除法的規則計算；但是用四除盡的數目只可作爲四不可作爲零）在這個時候，把這種數剩的筮竹，和起先挾在小指無名指中間的一根扐放在一處這個是「潤」的象徵這個時代的歷法是五年潤兩囘因爲這個緣故所以把起先放在桌上的筮竹，拿在右手裏也是每四根一數把數剩的筮竹加入左手挾着的筮竹裏這種方法名爲「歸于扐」這種一「歸于扐」的筮竹數目必然是五或是九。（以上的事情名爲第一變）從四十九根筮竹裏減去五或是九根筮竹；對于剩餘的四十根，或是四十四根，再反復着用上邊所說

的變法那末第一囘所得的籤竹之數，必然是四或是八。（以上的事情，名爲第二變）把第一變時候的餘數和第二變時候的餘數加起來，得着某數又從四十九裏減去某數。對于剩餘的數仍舊反復着用相同的手續那末這個時候的餘數，必然是四或是八。（以上的事情，名爲第三變）于是從四十九裏減去三變的餘數更把這種減剩的餘數用四除它所得的結果，必然是六或是七，或是八或是九（卽四之六倍七倍八倍或是九倍）然而它的結果，是四之六倍的時候，名爲「少陰」八倍的時候，名爲「老陰」；七倍的時候，名爲「少陽」九倍的時候，名爲「老陽」。到了這個時候，方才生出第一爻來。依着這種結果，便可安置六根算木裏的最下的爻這個時候若是少陽或是老陽那末，最下的一根算木爲陽若是少陰或是老陰那末，最下的算木是

陰。若用簡括的言語說明上邊的方法那末三變之後必然生出一爻來若欲

生成一個卦（象）必須有六爻所以它的結果要有三六十八變。因爲這個

緣故所以這種占筮名爲十八變法。這時所得的卦名爲本卦（遇卦）在這種

本卦（遇卦）中間有老陰變陽老陽變陰的必然性依着這種理論便能使本

卦裏的老陰老陽發生變化這種發生出來的卦名爲「之卦」所說的「之」

字就是有本卦變形的意義。到了這個時候判斷的人方才得着完全的卦把

這個本卦作爲中心又把六爻分成上下兩份然後考察它的上下關係占筮

的人又當對于六爻裏各爻的文字各爻間的關係用各種方法加以深思熟

慮，然後做論理的判斷這種判斷方法名爲「象之判斷論」關于這種判斷

論須要待到下一章再當詳細記述在這個地方，却是把它省略了以免重覆。

乙三十六變法　日本的明治年間日本的易經學家根本通明，曾經在嘉永二年間發表：「十八變法之卦，爲三變小成之卦，而非本來正當之卦。不論如何均應爲六變大成之卦」的議論根據這種議論便可知道所得的一個爻，有六種變化；所得的六爻有六六三十六種變化依據這種變化便可建立三十六變的筮法。這種筮法和前邊已經說過的本筮之法所用的手續是大同小異的；但是得着一個爻之後，在本筮方面只有三變，在這種筮法方面，卻有六變欲知這種方法的詳細情形須要觀察根本通明所著作的開易復古筮法。

丙中筮（六變法）　本筮法（即十八變法）乃是理想的筮法；現今時代的世人，是很忙的；在實際方面若要把許多筮竹迴轉三十六回，卻是不可能

的事情；就是賣卜的人卻也不容易把這種方法做到。所以除了這種十八變

法之外，又有六變法（即中筮法）。中筮法雖然就是六變法然而也有種種

的方法此等方法也和十八變筮法相仿。但是，這種變化的回數卻只有六變。

其餘的事情也和本筮法相同。占筮的人，把四十九根筮竹，取在手中分成兩

份把右手裏的筮竹安置在桌上用八除左手裏的筮竹之數再觀察剩餘之

數。

餘一爲乾，餘二爲兌，餘三爲離，餘四爲震，餘五爲巽，餘六爲

坎，餘七爲艮，餘八爲坤，依着右邊所說的六變法，便能得着一卦。現在

把它的例，表示如左：

| 餘數 | 回數 |
|---|---|
| 4 | 6 |
| 1 | 5 |
| 3 | 4 |
| 8 | 3 |
| 5 | 2 |
| 6 | 1 |

本卦（遇卦）

一 ⚋ ⚊ ⚋ ⚊ ⚊ 風雷益

之卦（變卦賁）

一 ⚋ ⚊ ⚋ ⚋ ⚊ 山火賁

這是世間普通流行的略式中筮法；其餘又有本式中筮法（九變法，

然而不很重要，又和別種筮法相仿所以現在把它省略了。

前邊所說的方法乃是六變之法比較本筮的十八變法可以節省三分

之一的時候。若欲更加減少占卜的時候那末用略筮法最爲合宜；因爲略筮

法只有三變占卜所需的時候很少所以用這種筮法確有節省時間的利益。

現在把略筮法記述如左：

丁略筮法（三變法）　這種方法，是比中筮法更加簡便之法；依據最初的兩個變化，得着本卦的上下兩卦（內外兩卦，就是把六根算木分作兩份；把上邊的三根作爲上卦又稱外卦把下邊的三根作爲下卦又稱內卦）依據其餘的一變得着之卦。現在把此法的詳細情形記述如左：

得本卦之法　把筮竹四十九根，分作兩份，藉以象徵天地陰陽的兩儀。把右邊的筮竹放在桌上從左手的筮竹裏取出一根，挾在左手的無名指和小指中間藉以象徵天地人三才。其次用右手把左手所拿的筮竹，每回取八根取過若干回之後，再看餘數是多少把左手無名指和小指中間所挾的一根，加在這個餘數裏。依據這個數，便可立卦。

餘一根是乾☰卦（天）　　　　餘二根是兌☱卦（澤）

餘三根是離☲卦（火）

餘四根是震☳卦（雷）

餘五根是巽☴卦（風）

餘六根是坎☵卦（水）

餘七根是艮☶卦（山）

餘八根是坤☷卦（地）

這就是天澤雷火水風山地八象。最初所得的卦名爲內卦把它安置在下邊；再照著前邊所說的方法把筮竹分開數得的卦名爲外卦把它安置在上邊到了這個時候方才擺成了重卦六爻的一卦照著這樣便能現出六十四卦裏的一卦。例如：起初剩餘一根是乾把它放在下邊其次剩餘六根是坎，把它放在上邊上下相合便成了☵☰水天需卦。又如：最初剩餘筮竹二根，次剩餘五根，便成了☴☱風澤中孚之卦。到了這個時候便得著本卦了其次，再把得著變卦（卽之卦）的方法記述如左：

得變卦（即之卦）之法　照着這樣，得卦之後，再當觀察爻變。這種筮法，雖然和前邊所說的相仿；但是，數筮竹得前卦的時候，是要每八根一數；因為在變爻的時候共有六爻所以要每六根一數藉以得着餘數。剩餘一根是初爻變剩餘二根是二爻變偷若數到最後的時候是六根滿數便可看作上爻變。現在應當注意的事情是最下的爻為爻初最上的（即第六根筮竹）爻為上爻；到了這個時候方才可以決定某卦某爻變建立相當的卦。

投算法　這種方法是不用筮竹只拋擲六根算木，觀察六爻的變化藉以作卦的方法；此法僅擲算木一回便能作成變卦所以比數筮竹的方法較為簡便。

百筮說　照着通例，依據「大衍之數五十」的文章所以有五十筮說。

但是，易經學家又有「四十五筮」的學說。

從前邊所說的事實考察起來不論是五十筮說，百筮說，或是四十五筮說，全沒有科學上的根據。所有稱道百筮說，或是採取五十筮說的人，全是從易經的文章裏附會而來的；總而言之我們近代的人，對于此等附會之說，並非必要之事現今世上賣卜的人，多是用五十筮說占筮的。這種占筮可分為略筮中筮本筮三種前邊所記述的，全是用筮竹占筮的方法然而又有若干易經學家却有「不用筮竹」的議論現在把幾種不用筮竹的筮法記述于後。

△不用筮竹之占筮法

（一）擲錢法　這種方法所需要的時間很少用這種筮法所得的結果，和十八變法的本筮相仿；此法用錢代替筮竹所以名為擲錢法。現在依據王——

洪緒所著作的卜筮正宗把擲錢法的大略，記述如左：

取錢三枚注意拋擲的時候，便可得着下邊的幾種變化。

（面）（面）三面……老陰……✕

（背）（背）（背）三背……老陽……☰

（背）（背）（面）兩背一面…小陰……┃┃

（面）（面）（背）二面一背…小陽……┃

例如：第一回是┃，第二回是┃第三回是✕的時候，把這三個結連，便成了✕。所以下卦是坎卦。這就是內卦其次，再把三文錢投擲三回；倘若第一回是┃，第二回也是┃，第三回是✕，那末，連結起來便成了✕。因爲這個緣故，所以

以上卦是坤，這個名為外卦所以本卦是☷，也就是地水師卦。

和第三爻的╳，全是老陰，所以變卦是這兩爻變陽之卦是☶，也就是蠱卦。

又在老陽（即☰）的時候，卻是和這個反對陽爻變成陰爻。

這種擲錢法手續很是簡單，老少陰陽全現在畫面上就是把它作為會于理想的筮法，但是，這種方法，未免過于簡單，頗難使愚人相信，所以普通還卜的人，多是不用這種方法的。

（二）圓著筮法　圓著筮法是用十八枚小圓紙（或是木）片，求卦的筮法。占筮用的圓紙（或是木）片名為圓著；這種圓著是用厚紙或是木塊做成的小圓片占筮的人要用這種小圓片十八枚寫着像左邊所畫的記號。表面是赤色為（陽），裏面是青色為（陰。）

易經占卜靈書

|  | 裏青色（陰） |  |  | 表赤色（陽） |  |
|---|---|---|---|---|---|
| 上靑 | 上靑 | 上靑 | 上赤 | 上赤 | 上赤 |
| 五靑 | 五靑 | 五靑 | 五赤 | 五赤 | 五赤 |
| 四靑 | 四靑 | 四靑 | 四赤 | 四赤 | 四赤 |
| 三靑 | 三靑 | 三靑 | 三赤 | 三赤 | 三赤 |
| 二靑 | 二靑 | 二靑 | 二赤 | 二赤 | 二赤 |
| 初靑 | 初靑 | 初靑 | 初赤 | 初赤 | 初赤 |

把右邊所記的十八枚小圓片放入兩手之中搖動之後，從手裏擲在桌上擺好；把上、五、四、三、二、初的種類，依着左邊所記的順序，每三個聚集在一處。

四二

一、把字上有‧印的放在左端。

一、把有字無印的放在中央。

一、把字下有‧印的放在右端。

放好之後，各組便能表示如左的變化。

赤 赤 赤 ……☰乾（父）老陽 ▬

青 青 赤 ……☳震（長男）少陽 ▬

赤 青 赤 ……☲離（中女）少陰 ▬▬

青 青 青 ……☷坤（母）老陰 ▬▬

坎（中男）少陽 ☵

兑（少女）少陰 ☱

巽（長女）少陰 ☴

艮（少男）少陽 ☶

依據上邊的少陽少陰、老陽老陰得着陰陽從初爻起逐漸安置六爻，作

成一卦。例如：依着上邊的方法得着

便可作卦。

因為

少男　少男　少男　長女　少女　少女　母（老陰）

所以得卦如下：風地觀

求變卦的方法仍舊和本筮法中筮法相同使老陰老陽，發生反對變化，

便可求得變卦照着上邊的情形是要把初爻的老陰變成老陽所以之卦是

益。在這個時候之卦便成了「觀之益。」但是倘着六爻裏沒有老陽老

陰的時候，便沒有變卦。

（三）數年月日時而建立占卜之法　數年月日時而建立占卜的方法，

雖然可以隨意使用太陽曆或是太陰曆但是，須要預先規定不可臨時亂用。

因爲這個緣故所以不可起先使用太陽曆中間却改用太陰曆使用陰曆和

陽曆，方法雖然相同但是用陽曆立卦的方法較爲便利現在把用陽曆立卦

的方法記述如左：

依據陽曆之方法（本卦之取法）　今舉依據陽曆之一例如下：例如：占

卜的時候是子年七月二十一日午後九時　那末子年是子數子數是一把它

作爲一，七月的數目是第七把它作爲七又把二十一日作爲二十一、七、二

十一相加的時候，其利是二十九用八除這個二十九的時候，得着商數三，餘

數五。把這個餘數五作爲第五在八卦裏邊第五卦是巽把這個巽，作爲下卦。

得上卦的方法是要先把年月日的數目加起來例如子年（其數爲一）七月

二十一日午後九時年月日三個數目總計是二十九這個午後九時從午前

一時數起，就是第二十一時；在前邊年月日合計數二十九裏，再加這個二十

一，其和是五十。用八除這個五十，得着商數六餘數二。把這個餘數二作爲第

二；在八卦裏第二卦是兌所以下卦是（巽）風☴，上卦是（兌）澤☱重卦是澤

風大過☴☱。這個重卦也就是本卦。

建立之卦之法　已經把上卦下卦立好之後，便可把之卦建立出來。把

年月日時的數目加起來其和是五十；用六除五十，得着商數八餘數二這個

名爲二爻變。本卦是澤風大過所以這個二爻變是澤山咸☶☱。

（四）用算盤立卦之法（算盤定數法）　把前邊所說的年月日時之數，

在算盤上計算也是很好的方法又法占筮的人，可以先任意在算盤上安置

一個數目用八除它得着餘數作成下卦其次，仍舊任意在算盤上另置一數，

易經占卜靈書

用八除它，得着餘數作成上卦。把上下兩卦重疊起來，便得着本卦。得着動爻

的方法也要先在算盤上任意置數用六除它，得着餘數作成之卦的動爻變

化本卦的動爻，便可作成之卦。

（五）用手立占之法（梅花心易指掌法）

本卦之取法

四八

依着上邊的圖，在左手五指之中，除去拇指不算只用四個手指配成天澤火雷風水山地輪指計算便可立卦。把小指的上邊作爲天無名指的上邊作爲澤中指的上邊作爲火食指的上邊作爲山小指的下邊作爲雷食指的下邊作爲風中指的下邊作爲水無名指的下邊作爲地。先從小指上的天數起，數到小指下的地爲止這就是八卦的乾一、兌二、離三、震四、巽五、坎六、艮七、坤八。

立卦的方法如下例如占卜的時候是辰年十二月十七日申時那末先用年月日定止卦就是把小指上的天作爲子從此數起子在天上、丑在澤上、寅在火上卯在雷上辰在風上因爲是辰年所以數到食指下邊辰在風上爲止。把年數完之後要繼續着數月。辰年在風上其次是水作爲正月。正月在水二月在山三月在地…數到十二月卻在小指的天上把月數完之後要繼續

著數曰；十二月在天上其爻是澤，一日在澤，二日在火，三日在雷┅數到十七日，卻在無名指的澤上。這個澤就是上卦其爻，再用時作下卦；現在所用的時，卻是申時。澤的爻位是火所以從火數起子在火上，丑在雷上，寅在風上，卯在水上，辰在山上，巳在地上，午在天上，未在澤上，申在火上。這個火就是下卦把上下兩卦重起來就得著本卦。

## 變卦之取法

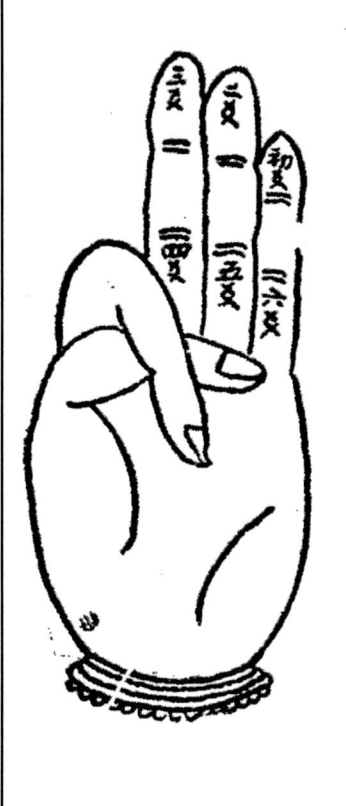

上下兩卦重起來就得著本卦上卦澤下卦火所以本卦是澤火革。

動爻的取法，是除去拇指食指不算，把小指無名指中指，這三個手指作為六爻，而造成變爻。把小指的上邊作為初爻；無名指的上邊作為二爻；中指的上邊作為三爻；中指的下邊作為四爻；無名指的下邊作為五爻；小指的下邊，作為六爻。

把年月日時之數，從小指的上邊初爻數起。把小指上邊的初爻作為子，從此數起子在初爻，丑在二爻寅在三爻……數到辰，卻在無名指下邊五爻上次把小指的下邊六爻作為正月，從此數起正月在六爻二月在初爻，三月在二爻……數到十二月，卻在無名指下邊五爻作為子，從此數起子在五爻，却在中指下邊四爻上。後把無名指的下邊五爻作為一日，從此數起；一日在六爻，二日在初爻三日在二爻……數到十七日，作為一日從此數起；一日在六爻，二日在初爻三日在二爻……數到十七日，丑在六爻寅在初爻……數到申，卻在小指上邊初爻上這個名為變爻。

澤　火　蹇

革的初爻本來是陽爻把這個陽爻變成陰爻之後，便成了澤山咸卦。照著這樣只用手指計莫不用筮竹算木八除六除等法，頗為簡便易行不論在旅行，或是家居的時候全可應用。

（六）用尺占筮之法　取尺一根，便可占筮求占筮的人，任意在尺上指定一處，把該處所表示的寸數作為上卦，分數作為下卦。次把占筮時候的時數加入寸數和分數的總數之內用六除它便可得著動爻。

（七）數物占筮之法　數室中物品的數目便能占筮數室中的物品一、二、三、四……完全數清之後，便可定卦一數是乾，二數是兌三數是離……八數是坤比八多的時候用八除它，把餘數作成上卦；次把占筮的時刻加入前邊所記物件的個數之內用八除它得著餘數便可作成下卦後把物數和時

數的總數用六除它，得着餘數，便可作成動爻。

（八）數音占筮之法　這種方法是數人物的聲音（例如人聲、鳥鳴、犬吠、鐘聲、柝聲等）便能占筮之法；占筮之法因爲這種占筮法的道理是和前邊相同的，所以現在把它省略了。

（九）數文字筆劃之占筮法　占筮的人，取一本書，用手任意展開把該頁裏文字的行數適宜的分成兩部份把前一部份的字數作成上卦後一部份的字數用八除它作成下卦；把前一部份和後一部份字數的總數加起來，用六除它便可作成動爻。

數文字又法數一個字的筆劃，劃也可占筮先把該字的偏旁、帽子等的劃數作成上卦；次把其餘的劃數作成下卦；後用六除全體的劃數，便可作成動爻又法把該字的劃數分爲兩份作成上卦和下卦用六除該字

全體的劃數，便可得着動爻。倘若該字的筆劃是奇數；那末，少一劃的一面是上卦，多一劃的一面是下卦。

字的占筮法是把第一個字的劃數用六除該字全體的筆劃，便可得着動爻用兩個字的占筮法，是

用六除兩個字筆劃的總數得着餘數，便可作成上卦；把第二個字的劃數作成下卦；用六除三個字筆劃的

把第一字的劃數作成上卦第二字的劃數作成下卦用三個字的占筮法是

總數得着餘數，便可作成動爻。

（十）閉目指字之占筮法　先在紙上寫着一、二、三、四……五十等數字；

然後閉着眼睛，用右手隨意指定一個數字，用該數作成上卦；其次，再閉着眼

睛，隨意指定一個數字用該數作成下卦其後，又閉着眼睛，隨意指定一個數

字，用該數作成動爻，

（十一）觀路上行人之占筮法　這種方法，是觀察路上行人的占筮法。

倘若路上遇見老男人便可作為乾卦，遇見老婦是坤，男孩是艮，女孩是兌中年男子是震，中年女子是巽，少年男子是坎。

（十二）辨別音色之占筮法　把雷音當作震風聲當作巽，雨和流水的聲音當作坎，把鼓利木板的聲音當作巽，把鑼鈴鎗砲等，一切從金屬物品發出來的聲音當作乾，便可定卦。

（十三）觀察天象之占筮法　觀察風雲的氣色，數星辰的數目，出可藉以定卦。這種方法和前邊所說的數物聆音等法相仿，易經上曾經說：「精神所至金石為開」；所以占筮的人不論用那一種方法只要心誠便見靈驗；在科學方面卻可說心誠則靈全是精神的作用，並非不可思議的事情。前邊所

說的各種方法從前的易經學家把它當作祕傳家學是不肯輕易傳授給外人的；著者費了多年的工夫蒐羅各種祕法才能編成本書供獻給喜歡研究易學的諸君望諸君神而明之藉以成爲先知先覺之人！

## ○易經占筮之判斷材料

照着前章所說的方法便能在易經六十四卦裏得着一卦得着一卦之後又當依據一定的標準把該卦的要素分解綜合加以判斷本章所說的就是這個要素的分解法和區別各要素的標準次章再把採取要素和標準的方法解釋出來藉以說明「判斷論。」本章所說的是「要素論」（材料論）次章又可稱爲「判斷論。」

一、易周易三易　「易」字本來在書寫的時候應當在日下寫一個月字；

它的意味，就是說宇宙變化的事情；又從蜥易的易字方面看來因為蜥易一日變色十二回，所以有這種名稱，可見：這個易字，也是有變化的意味了。所以有許多易經學家，又把易經稱為變易。易三易是夏時的連山易，殷時的歸藏易，周時的周易，總名三易；但是連山和歸藏兩種易經久已失傳只有周易卻能流傳到現代周易的周字，非但有周朝的意味，並且有「周佈于宇宙之道」的意味。

一、蓍情　占筮的人（卽判斷者），在占筮的時候，須要考慮：事、身位、時、勢五項情形同是一卦然而依着求占筮的人（卽受判斷者）時位置事件，和勢等解釋各不相同。

一、陰陽　易經的原理，是以陰陽為根本。在易經裏邊，常用－表示陰，用

一表示陽。

一消息　陰漸衰陽漸長名爲「息」；陰漸長陽漸衰，名爲「消」。遺種

消息的最顯著之例名爲十二消息卦就是十二個月的卦。陰歷十一月一陽

始生于下成爲地雷復☳☷卦；十二月生長二陽成爲地澤臨☷☱卦正月生

長三陽成爲地天泰☷☰卦二月生長四陽成爲雷天大壯☳☰卦；三月生長

五陽成爲澤天夬☱☰卦；四月爲純陽之卦，就是乾爲天☰☰卦。以上的六卦就是

息卦。其次，到了陰盛五月，一陰初生于下成爲天風姤☰☴卦六月是天山豚

☰☶卦七月天地否☰☷卦八月風地觀☴☷卦，九月山地剝☶☷卦，十月爲

純陰之卦，就是坤爲地☷☷卦以上六卦名爲消卦。

陰陽的消息，不單是以右邊所說的十二卦爲限；在一切的卦裏凡是陽

漸長，陰漸衰的卦，全叫做息卦；陰漸長，陽漸衰的卦，全叫做消卦。

一、卦　爻　每一個陰—或是陽—叫做爻六個陰或陽的爻，組合起來，便成了卦。例如：☱（兌為澤）卦是四個陽爻，兩個陰爻，組合而成的，這個名爲火成之卦又名重卦。除此之外又有小成之卦名爲單卦。這種單卦是從三個陰或陽爻組合而成的；例如：☲（離）卦是兩個陽爻一個陰爻組合而成的；☶（艮）卦是一個陽爻兩個陰爻組合而成的。這種單卦又名純卦，只有八個。

現在把八個純卦列奉如左：

☰乾　☱兌　☲離　☳震

☴巽　☵坎　☶艮　☷坤

重卦是以純卦爲基礎每兩個純卦組合起來，便成了一個重卦；純卦雖

六〇

然只有八個重卦，却有六十四個。

一、八卦　把八卦分配各種事物，便可作爲解釋的材料；然而解釋八卦的主要材料，却是對于自然現象家族方位四季等的配置；現在把配置此等材料的方法列舉如左：

| | | | | | | |
|---|---|---|---|---|---|---|
| ☰乾 | 天 | 父 | 西北 | —晚 | 八—十二 | 四、九 |
| ☱兌 | 澤 | 少女 | 西 | 秋午後 | 六—八 | 四、九 |
| ☲離 | 火 | 中女 | 南 | 夏晝 | 十二—二 | 七、二 |
| ☳震 | 雷 | 長男 | 東 | 春朝 | 六—八 | 三、八 |
| ☴巽 | 風 | 長女 | 東南 | —朝 | 八—十二 | 三、八 |
| ☵坎 | 水 | 中男 | 北 | 冬夜 | 十二—二 | 一、六 |

䷳　艮　山　少男　東北　一　夜　二—六　五、十

䷁　坤　地　母　西南　一　畫　二—六　五、十

其他又可把八卦分配色晉人體萬物五行十干十二支等，至于詳細的各卦分配的方法，本章專重普通的解釋所以只把此表舉出來而加以解釋，待到後邊再當詳述。

一、逆數　易經上所說的逆數，就是從下數起的事情，例如艮下兌上的話，就是先說下邊的卦，後說上邊的卦。然而稱呼卦名的時候，卻是從上開始，例如：對于 ䷞ 卻是從上呼到下方，稱為「澤山咸」除此之外其餘的計算和順序全是從下數起；例如：

一、二、一、一、一、一、一
六、五、四、三、二、初

一、六、九　在易經方面是用偶數六代表陰的事情用奇數九代表陽的

易經占卜靈書

事情。稱呼六爻的各項的時候，把六附加在陰爻上，把九附加在陽爻上。例如：

| 上九 ― | 上六 ‑‑ |
| 九五 ― | 六五 ‑‑ |
| 九四 ― | 六四 ‑‑ |
| 九三 ― | 六三 ‑‑ |
| 九二 ― | 六二 ‑‑ |
| 初九 ― | 初六 ‑‑ |

這種陰六陽九的稱呼方法是書寫在易經的象辭（爻辭）上邊的。不明

白初六九五等記號的意義，便不能解釋易經的象辭所以研究易經占卜的

人，必須把這種事情記好。

一、上卦　下卦　把一卦分成兩部分，稱爲上卦下卦。例如：

上卦　下卦
震上　離下

一、內卦　外卦　下卦又名內卦，上卦又名外卦。例如：

外卦　震上
內卦　坎上　震下

一、天　地　人　把一卦分成三份，把上邊的二爻當作天，中間的二爻當

作人，下邊的二爻當作地。例如：天　地　人

一、爻位　一卦的六爻裏，陰爻在陰位陽爻在陽位方才是「正」，若不如此，便是不在其位叫做「不正」。　例如：

-- 陰
一 陽
-- 陰
一 陽
-- 陰
一 陽

就是

五爻　三爻　一爻　是陽
六爻　四爻　二爻　是陰（）的時候為正。

五爻　三爻　一爻　是陰
六爻　四爻　二爻　是陽（）的時候為不正。

一、中爻　把六爻中間的二爻作為下卦的中爻，五爻作為上卦的中爻。

二爻為陰，五爻為陽的時候，二和五兩個中爻全是正的；二爻為陽，五爻為陰的時候，二和五兩個中爻全是不正的。又有下卦的中爻為正，上卦的中爻不正的時候，並且有上卦的中爻為正下卦的中爻不正的事情。

正 {中　中}
不正 {中　中}
不正 {中　中}
正 {中　中}

一、應爻　在一卦的六爻中間，初和四相應，二和五相應，三和上相應，名爲應爻。這就是下卦的第一爻和上卦的第四爻相應，下卦的第二爻和上卦的第五爻相應，下卦的第三爻和上卦的第六爻相應。

一、正應　不應　二和五、三和六、一和四各爻互相對照雙方全在正位名爲正應；例如二和五兩爻對應，倘若二爻爲陰五爻爲陽那末二和五兩爻，便是「正應」；倘若二和五兩爻中間有一爻不得位或是雙方全不得位那末，二和五兩爻，便是「不應」。此等正應不應以及下邊所說的比全是易經判斷的重要材料。

一、比　一爻和二爻相比，二爻和三爻相比，三爻和四爻相比，四爻和五爻相比，五爻和六爻相比相隣的二爻叫做「比。」

一、承乘　陽爻在上，陰爻在下的時候，叫做「承」，陽爻在下，陰爻在上的時候，叫做「乘。」

二承　　二乘

一主爻　主爻是可以作爲六十四卦裏各卦之主的爻，就是有一個卦裏的全體的意味之爻，也就是在全卦六爻中間最重要的一個爻。卻有兩個意味。一個的意味是「定位之主爻」一個的意味是「牛卦之主爻。」

（甲）定位之主爻　這個主爻，就是全卦裏的五爻，五爻又叫做「君之定位。」所以定位的主爻，多是五爻；在六十四卦裏除了少數的例之外其餘十有八九是把五爻作爲定位的主爻現在把少數的例外列舉如左：

坤卦純陰所以不把六五當作君上，卻把六五當作「臣下高位」講解。

剝卦的六五不當作君上，却把上九當作君上至尊之位。

大過之卦的九五不當作君上講解。

其餘遯卦的九五明夷卦的九五歸妹卦的六五旅卦的六五等，全不當

作君上解。

（乙）成卦之主爻　成卦的主爻，就是全卦裏主要的爻，也就是具備全

卦的德性象義之爻。在六十四卦中間雖然各有主爻但是從初爻到五爻依

着六十四卦位置却各不相同現在把這種成卦的主爻的位置列舉如左：

乾　　九五　　坤　　六二　　屯　　初九　　蒙　　九二　　需　　九五

訟　　九二　　師　　九二　　比　　九五　　小畜　六四　　泰　　九二？

否　　九五？　同人　六二　　大有　六五　　謙　　九三　　豫　　九四

隨　初九　　臨　九二　　觀　六四　　噬嗑　六五　　賁　六二

剝　九五　　復　初九　　无妄　初九　　大畜　上九　　頤　上九

坎　九二　　離　六二　　遯　六二　　大壯　九四　　晉　六五

家人　六二　　蹇　九三　　解　九四　　損　六三　　益　初九

姤　初六　　升　初六　　困　九二　　井　九五　　益　六五

震　初九　　艮　上九　　漸　　歸妹　六三　　旅　六五

巽　六四　　渙　六四

一、卦之主　在全卦六爻中間，以性少者爲主爻。一陰五陽之卦，以一陰爲主例如：姤、同人、履、小畜、大有、夬等卦，全是以一陰爲主。一陽五陰之卦，以一陽爲主例如：復、師、謙、豫、比、剝等卦，全是以一陽爲主。

一難卦　在九五的一陽之外有一陽得勢力的卦全是艱難勞苦之卦。

例如：觀萃屯蹇坎等，全是這種卦。觀和萃兩卦全是天下二主一國二君之卦。

所以這兩卦全是難卦。在九五之外又有一陽，就是除了外卦九五的一陽之

外內卦裏又有一個剛陽所以便成了天下二主一國二君之卦。倘若一個剛

陽和爲主的陽並比在同卦中間便不是難卦。

倘若在上下兩卦中間有一個卦是坎水之卦；那末除了此卦之外全是

難卦。例如：訟困未濟既濟解渙蒙師需節屯井蹇坎等，全是這種卦。蠱是有大

事之卦所以嫌陰爻柔弱。重坎困大過等卦全貴陽剛大壯離訟等卦均貴柔

順溫和之道中坎蹇困等卦名爲四大難卦。

一父母　在易經方面把第五爻當作父母用第二爻表示子女只有在

親子對抗的時候，方才把初爻作為子女。

一、賢者　小人　初爻的陽和四爻的陰，相對的時候，便有在下的賢者，輔佐不才的宰相的意味；初爻的陰和四爻的陽相應的時候，便有卑賤的小人，阿諛宰相的意義大過的初六之陰，和九四之陽相應，乃是捕佐君上終于成功的事情。

陰柔在上爻，有小人阿諛君上的意義只有井卦的上六，卻在此例之外，此卦的上六卻以陰柔為吉陽剛在上爻可作王師賢者講解。

一、妻妾　二五相應是正位的夫婦；二五相比便可作妾講解。

一、君臣　一卦的六爻，可以解釋如下：

| 一位外 | 君主 |
| 近臣 | 諸侯 |
| 臣 | 萬民 |

一、位階　一卦的六爻，可以分成六個階級作為判斷的材料。

☰乾　乾為健之象，可作良馬解行道之健者莫如良馬，所以可把乾當作良馬；乾為剛之象，可作金解萬物之剛者莫如金，所以可把乾當作金。乾外有乾互卦也是乾乾乾之象，伏位有坎離。以坎為月，以離為日日月所附者天，乾為天象。

△八卦象義

一一一一一一

無位天子公卿大夫士庶人

乾為天象。

剛健純粹銳進勇猛威嚴決斷壯盛昭明廣大尊貴富饒盈滿正直勤勉

驕奢亢慢侵凌苛刻强暴天霰雹水冰秋九月十月之比戌亥之年月日向西北的家屋天子君父老人長者有官位的人有名的人贅婿經營商業的僧侶

乞丐下人赤白玄黃四九一。

三　兌　兌為少女，人所喜悅者莫此為甚，互卦為家人，家人為男女正事。

悅而得男女之正，亦為悅道之大者皆有兌悅之象。

喜悅、柔和、親和、喜慶、毀傷、憂愁、講習、喧噪、愛好、卑劣、厚情、感服、色情、雨露、

雪霰、星月、新月、秋八月、酉年月日，向西的家屋、巫歌、好少女、伶人、譯官。白四九。

二。

三　離　凡物離而後麗，不離則不麗，有所麗則燃，無所麗則滅，故離為火。

離火雖明然不及日，離為明象。

智惠、遷延、邪智、疑惑、性急、薄福、美麗、顯著日、電虹、霞晴、南夏五月、午年月

日、有爐冶之所、中女、文人介冑之士、愚癡之人、赤紅紫三二七。

三　震　震為動，又為春發動萬物者莫如雷之疾，震為稼禾，互卦坎為雨。

雷字爲雨于田互體坎爲雨起于艮山上之兆，皆震雷之象也。

震勵疾行勤勉才能躁勃驚駭奮起勇致發出憤怒出奔成功雷浮雲東、春二月、卯年月日、長男青碧玄黃四、八、三。

三三巽　陰小陽大而隨從大者。幼而遜悌，爲巽之象；巽又爲股。巽與兌相反。巽股伏于衣裏巽爲伏之象，巽又爲風。風能入物物長則以巽爲命能至于民則民化。巽爲入之象互體離兌少女居于中女之下巽爲順之象皆巽之象也。

巽順、詔諛、疑惑、進退不果、無決斷、心志不定、往來、隱伏、多慾、奸諂出奔利益、蕃昌薄情風霞東南春夏之候辰巳之年月日夏四月、長女秀才青淡綠五、三、八。

☵ 坎　此卦坎為水互卦為艮山坎為險象故有危險。坎為離之象，往坎來亦坎。坎為陷之象互體艮震外實而內虛。

陷險溺誠仁慈喜愛多欲愚昧伏藏奸計冬十一月子年月日中男舟人盜浪人黑赤六。

☶ 艮　止于一陽二陰之上者為艮故艮為止之象。艮又為門閔一陽闢鍵闔而不闢止而不進互體震坎震雷上而坎水下各止于其所。止滅亡篤實偏固遲滯愼守狠戾少男山中人黃七五十。

☷ 坤　坤字從土從申申者重也地體重土為坤之象；申之方位，在西南隅。坤亦為西南之卦故為申土以坤為中中之性順。坤為順之象，地順天臣順君妻順夫。

柔順、溫厚、安靜、順直、謙讓、恭敬、貞節、儉約、眾多、卑賤、狹小、虛耗、衰微、怯弱、愚情、暗昧、疑惑、嫌惡、吝嗇、遲鈍、偏見、固執、邪曲、西南未申之年月日、雲霧、田野、平地、倉庫、村舍、皇后、母、黃八十五。

## ○易經判斷之範圍

這種易經判斷的範圍，可稱爲易學方面的「範圍論」；易經判斷的範圍是有一定限制的。用易經占筮方法得卦之後加以判斷這種判斷的範圍，雖然很廣然而普通的方法却是依據所得的本卦之卦包卦互卦全卦似卦，伏卦及其變化與消長互相比較，對照然後判斷。

### △範圍圖說

一、錯卦　在六十四卦中間又有錯和綜的分別。陰和陽對立叫做錯；例

如：乾與坤為錯，震與巽為錯艮與兌為錯現在圖解如左：

乾　父　　　　坤　母

震　長男　　　巽　長女

坎　中男　　　離　中女

艮　少男　　　兌　少女

六十四卦之錯如左：

乾　　　　訟

坤　　　　明夷

大壯　　　姤

觀　　　　復　　　　離

　　　　　　　　　　坎

履

謙

心一堂術數古籍珍本叢刊　占筮類

睽　蹇　同人　師　升　无妄　渙　豐　隨　蠱

兌　艮　泰　否　咸　損　蒙　革　賁　困

屯　鼎　噬嗑　井　旅　節　比　大有　大畜　萃

恆　益　震　巽

中孚　小過　晉　需　夬　剝

漸　歸妹　臨　豫　小畜　頤　大過

家人　解

未濟　既濟

一、綜卦　兩個顛倒相反的卦叫做綜卦。在六十四卦中間，像乾、坤、坎、離、頤、大過、中孚、小過等八個卦，雖然形式顛倒，然而卦象並無變化，所以可把它

省去；其餘五十六卦卦象對立顛倒，便有反對的意味。其圖如左：

| 屯 | 需 | 臨 | 噬嗑 |
|---|---|---|---|
| 泰 | 同人 | 咸 | 遯 |
| 塞 | 損 | 困 | 革 |
| 豐 | 巽 | 師 | 小畜 |
| 謙 | 剝 | 隨 | 晉 |
| 无妄 | 夬 | 家人 | 震 |
| 萃 | 渙 | 漸 | 既濟 |

周易上所記載的卦，上卦三十下卦三十四，共計六十四卦把綜卦作為一卦，計算的時候，上卦是十八卦下卦也是十八卦共計只有三十六卦。

一、全卦　全卦是六畫的卦，全體具備八卦之象。這種全卦，又名大卦。在六十四卦中間，全卦只有六個現在列舉全卦如左：

（甲）本卦臨全卦大震▤▤▤這個全卦大震，比較八卦裏的震卦，它的德性功能全有加倍之力象辭裏有「臨元亨利貞」這元亨利貞四字全有大震的象義。

（乙）本卦遯全卦大巽▤▤▤這個全卦大巽，比較八卦裏的巽卦，它的德性，功能全有加倍之力遯的九四裏有「係于遯」之辭。「有疾則屬蓄臣妾則吉」又在象傳裏有「係于遯之屬，有疾而慍蓄臣妾則吉不可為大事」此等經傳的文章所說的「係」「疾」「臣妾」「不可為大事」等言語全是取大巽之象而言。

（丙）本卦小過，全卦大坎☷☵這個全卦大坎，比較八卦裏的坎，它的德性功能，全有加倍之力。小過的象辭裏說：「飛鳥之遺言不宜上宜下。」象傳裏說：「有飛鳥之象，不宜上、宜下上則逆下則順。」六五的爻辭裏說：「密雲降雨，自我西郊取公弋在彼之穴。」上六的爻辭裏說：「飛鳥離之凶言之災害。」此等經傳文裏所說的「飛鳥宜下，下則順密雲、雨穴災害」等文字，全是取大坎之象而言。

（丁）本卦中孚，全卦大離☲☲這個全卦大離，比較八卦裏的離卦，它的德性功能，全有加倍之力。中孚的象辭裏說：「豚魚吉。」象辭裏說：「孚，化乃邦。信及豚魚也乘木而舟虛以中孚而利貞，乃應天。」初九的象傳裏說：「志未變也」。九二的爻辭裏說：「我有好爵吾爾靡之。」六四的傳裏說：「絕類

而卜」上九的爻辭裏說：「翰音上于天。」此等經傳的文章裏所說的「中

孚、化邦信木舟虛好爵中心登」等全是取大離之象而言。

（戊）本卦觀全卦大艮☶☶，這個全卦大艮，比較八卦裏的艮卦，它的德

性、功能全有加倍之力。觀的象辭裏說：「不荐盥有孚顒若。」象傳裏說：「觀

神道而四時不惑聖人以神道設教而天下服。」此等經傳的文章所說的「

神道」乃是從那大艮作爲宗廟的關係發生的。

（己）本卦大壯全卦大兌☱☱，這個全卦大兌，比較八卦裏的兌卦它的

德性功能全有加倍之力。大壯九三的爻辭裏說：「羝羊觸藩。」六五裏說：「

喪羊。」上六裏說：「羝羊。」此等經文裏所說的「羊，」全是從把兌當作羊

的關係發生的。

一、似卦　似卦是六畫全卦的象，似全卦而其象沒有充分完備的卦。比較全卦其德性功能等稍劣，其力亦弱。但是，這種似卦，比較八卦的象義勢力却又甚大。因爲這個緣故，所以似卦雖然次于全卦，然而也是很重要的。在六十四卦中間似卦也只有六卦。

（甲）本卦大過似卦大坎☳☷象辭裏說：「大過爲棟橈。」這是從「似卦之坎」的關係發生的。

（乙）本卦咸似卦大坎☳☷。本卦恆，似卦大坎☳☷這兩卦全有似卦的大坎。其象義之作用，和全卦相同咸和恆兩卦，又把這個作爲包卦。本來包卦和似卦的作用，是各不相同的。依着各種情形活用的方法也有差異並且有在用包卦的時候，兼用似卦之象的事情使用這兩卦的人須要臨時酌定用

法。

（丙）本卦頤，似卦大離☲初九的爻辭裏說：「舍爾之靈龜。」

（丁）本卦益似卦大離☲九五的爻辭裏說：「十朋之龜」

（戊）本卦損似卦大離☲。

一、包卦　六畫重卦中間，含有別種卦的時候，名爲包卦。此卦以左邊所記的包卦爲限。就是恆咸以坤包乾損益以乾包坤，解蹇以坤包離家人及睽以乾包坎。現在把它列舉如左：

恆☳☴　咸☱☶　解☳☵　蹇☵☶　損☶☱　益☴☳　家人☴☲　睽☲☱

這種包卦是要在占卜祗褵或是病症的時候使用的；例如：有姙娠的女

人，倘若筮得蹇卦那末占筮的人可以說：「蹇為坤（母）包離（少女）于腹中

之象，）故生女子。

一、互卦　六十四卦全有互卦。但是乾坤兩卦的互卦全是坤，所以不用；

其餘的六十二卦全有互卦。例如：賁卦，初為水火既濟二火豐三水解四山雷

頤，五山水蒙又有用中卦取互卦的方法；就是除了初卦的上爻之外用二三

四五四個爻取互卦，也就是用二三四爻作下卦用三四五爻作上卦。今用天

雷无妄的本卦作互卦，便有了風山漸之卦。

本卦　天雷无妄

互卦　風山漸

一、伏卦（裏面生卦）　伏卦是本卦裏面的卦。例如：山火賁☲☶的裏面，

有澤水困☱☵困窮的意味。坎爲水的伏卦是離爲火。六十四卦中間除了乾

坤二卦之外其他的六十二卦，各有伏卦。

一、易位生卦（卦位顛倒解釋）　變換卦位，是把內卦和外卦，變換地位

的事情它的意味可分三種如下：

一、把內卦代替到外卦的上邊。

二、把外卦代替到內卦的下邊。

三、把內卦代替到外卦的上邊，把外卦代替到內卦的下邊。

一、易位內顛生卦　把內卦易位到外卦之上；例如：晉卦利明夷卦易位。

明夷☷☲　　晉☲☷

卦。

一、易位外顛生卦　把外卦易位到內卦之下；例如：井卦和渙卦，易位生

渙☵☴　井☵☴

一、易位內外顛生卦　內外互相易位；例如：萃卦和臨卦，易位生卦。又在

反對方面臨卦和萃卦也是易位生卦。

臨☷☱　萃☱☷

一、顛倒生卦　顛倒的意味，和前邊所說綜卦的意味相同，就是使所得

的卦，上下顛倒過來的事情。例如：使屯卦顛倒，便變成蒙卦；把比卦顛倒，便變

成師卦。前邊所說的乾、坤、頤、大過、坎、離、中孚、小過八個卦，從上看來雖然顛倒，

仍舊是同一的卦，所以顛倒解釋也是同一的。六十四卦中間，除了這八個卦

之外，其餘五十六卦，全是顛倒生卦的。

在卜筮方面占筮貨物的價錢漲落的時候，倘若得着臨卦，便可解釋說：

「臨爲地下澤之象。地雖低，澤比地更低現在貨物的市價，已經達到最低的地位了；這個時候，却是陰極變陽之時。使臨卦顛倒，就成了觀卦觀是二陽在上，有高之象所以貨物的市價，將來必然要從現在最低的價值，逐漸上升。因爲這個緣故所以現在買進貨物將來必然可以得着利益。

「彼雖進來我不受之而向後去」之象。

屯卦顛倒變成蒙卦

比卦顛倒變成師卦

一、內顛生卦　內顛生卦是外卦（上卦）不顛倒，只有內卦顛倒。就是有

例。

蠱卦內顛，變成損卦。

像蠱爲損艮爲頤漸爲益等全是此

漸䷴卦內顯，變成益䷩卦。

艮䷳卦內顯，變成頤䷚卦。

假定占筮的時候，得着「巽之不變」那末，在這個時候，便可解釋說：「

彼雖顛倒成兌而向我我則背兌口而不向之這就是此占所有之象」

卦顛倒變成中孚隨變成益歸妹變成損等，全是外顯生卦。

一、外顯生卦、外顯生卦是只有外卦顛倒內卦卻不顛倒。例如：兌的外

兌䷹卦變成中孚䷼卦

隨䷐卦變成益䷩卦

歸妹䷵卦變成　損䷨卦

假定占筮的時候，得着「隨之不變」那末，在這個時候，便可解釋說：「

我雖以震進，彼則使兌口向外而不承認，這就是此占有話不投機的意味。」

一、內外顛生卦　內外顛生卦就是內顛外顛的生卦同時現出像小過變成頤，大過變成中孚頤變成小過中孚變成大過等，全是此例，這種應用解釋，也和前邊的六個例相仿。

小過☲☳卦變成　頤☶☳卦。

頤☶☳卦變成小過☲☳卦。

中孚☴☱卦變成大過☴☱卦。

大過☴☱卦變成中孚☴☱卦。

一、交代生卦　交代生卦，是柔和剛互相交代。三陰三陽之卦，除了泰否兩卦之外其餘的卦，像損益咸恆渙節噬嗑賁豐旅井困隨蠱漸歸妹既濟未

濟等，全有此例。渙從泰來益從否來，咸從否來，恆從泰來等，全是此例。現在舉

例詳述如下：在占筮的時候得着蠱之渙卦那末，在這個時候，便可判斷說：「

蠱本來是從泰來的。然而泰是在無事的時候。泰卦上六的一陰，來到內卦的

初爻，初九的一陽，和上六爻代替而成蠱，這是主人寵愛小人賢者出外之象。九

三的一陽和六五的一陰交代，內卦生坎變成渙卦，渙為渙財有失家財之義。

並且將要變成否卦。渙卦否有家道衰敗之象，須要使新來的人出去，再把舊人招

回才能再使家道康泰。」

母卦泰 ䷊

子卦其數九

恆 ䷟　　泰卦初九六四之陰陽交代。

既濟䷾　九二與六五之交代。

損䷨　九三與上六之交代。

井䷯　初九與六五之交代。

蠱䷑　初九與上六之交代。

豐䷶　九二與六四之交代。

賁䷕　九二與上六之交代。

歸妹䷵　九三與六四之交代。

節䷻　九三與六五之交代。

母卦否䷋

子卦其數九

益䷩　否卦初六九四之交代。

未濟䷿　六二與九五之交代。

咸䷞　六三與上九之交代。

噬嗑䷔　初六與九五之交代。

隨䷐　初六與上九之交代。

渙䷺　六二與九四之交代。

困䷮　六二與上九之交代。

漸䷴　六三與九四之交代。

旅䷷　六三與九五之交代。

一、來往生卦　來是從外卦之外來到內卦之上；往是從內卦之外，行到

外卦之上。屯是比的來往生卦。一陽從外卦之外來，居于初爻而成屯。比是九五之君統治羣陰，有五陰親比一陽之象。今成屯卦則比之初九，有陽剛之賢者來而得勢，有天下分歸二主之象。此為天下之屯難，故名屯卦象傳裏說：「剛柔始交而難生」，就是這種道理。又在訟卦方面，一陽從否之外卦之外來，居于二爻而為訟主。否則君臣之情不通，有國家否塞之象。國家否塞則必訟。然而否之內卦坤順而不能為訟事。現今九二之剛來為訟主，這就是生訟的原因。象傳裏說：「剛來而得中也。」晉是否的往來生卦。否是乾天坤地定位。現今內卦之中一陰從上來而成離。故名晉。象傳裏說：「晉者進也，柔進而上行也。」大畜是從泰卦的內卦之內往而為外卦之上九。象傳裏說：「剛上而尚賢也。」其他可以類推，不遑枚舉。所以本篇除了這幾個例之外不再舉別的

往生卦了。現在把占卜的事情，再說明如下：明夷本來是從泰來的；這就是

國家泰平已久君主因安而驕，對于國家忘了預防亂機的事情，一陰的小人

從外來，得臣位而傷忠良危國家之象又在占病的時候，便可解釋說：「這個

泰本來是沒有病的；因為一陰的外邪來侵以致變成離熱所以若能解熱便

可轉成泰的無病之象豫本是從坤來的，所以可把坤作為無病之時；現今一

陽從內卦之內往而居于四爻為震之積氣而成豫。

食之象；九四的一陽，就是坎的主爻坎為水為寒為毒用大黃附子等藥劑，攻

下一陽之毒，便可轉成坤的無病之象病便好了。」來往生卦之例如左：

順生卦比 的初六之爻有一陽從外卦之外來，變成屯卦。

本卦·屯 剛柔初交而難生。(彖傳)

一運移生卦　這種運移生卦就是把內卦的一爻，搬到外卦外卦的一

爻，搬到內卦。並且這種生卦的事情只是搬運一爻使它運移。不是使陽爻超

過陽爻也不是使陰爻超過陰爻。這種方法就是運移的法則。運移生卦是只

有一爻移動；和交代生卦的二爻活動是要區別清楚的。運移生卦的搬運一

爻和來往生卦的爻之來往也是大不相同不可使它相混。現在舉出從內卦

運移到外卦的例如下得復之卦，而言之「南國蹙」就是此例。外卦的一爻運

移到內卦的例如下姤的九五裏說：「有自天隕者。」萃卦九四的一陽運移

到初六而成屯也是此例。

　順生卦萃䷬之九四，移居于屯之初位。

　本卦　屯䷂以貴下賤。

本卦　升䷭以柔時而升。

逆生卦臨䷒升之初六巽本之種子生長，上升至順之三位。

一變為生卦　變為生卦是陽爻變為陰爻陰爻變為陽爻。例如：乾的二、

五兩爻變化，就變成了離卦；乾的初、四、五等三爻回變化，就變成了蠱卦明夷

的二爻變化就變成了泰卦此等卦例如左：

乾䷀的二和五兩爻變化就變成離䷝卦。

乾䷀的初、四、五等三爻變化就變成蠱䷑卦。

明夷䷣的二爻變化就變成泰䷊卦。

一、變卦（之卦）　前邊已經說過，從占筮所得的卦，不論是略筮、中筮、本

筮，必然全能得着本卦（即遇卦）和變卦（即之卦）兩種。但是，在略筮方面的

變卦（即之卦）是本卦（即遇卦）中間只有一爻變動，便能發生的；至于在中筮和本筮方面却是老陰和老陽全要變化從本卦變成之卦的時候雖然有一爻變化的事情然而又有二爻以上發生變化之事。從本卦（即遇卦）變成變卦（即之卦）的事情在占筮的方法論裏是已經說過的了，所以在這個地方，並無再論之必要。在此章中，我們應當記憶的事情是要把本卦（即遇卦）和變卦（即之卦）互相對照作爲易經判斷的資料。至于它的適用方法，却又要在後邊易經解釋應用論之章裏，再當詳述。又在古時易經占法方面，有「本卦之外卦動，則比較變卦之外卦與本卦之外卦本卦之內卦動而成變卦，則比較本卦之內卦與變卦之內卦而爲判斷」的方法。這種方法也是本卦和變卦比較方法的一種。

## ○易經之理論的解釋方法

一、「易經爲究理之書」　易經的大傳裏，有「究義究理」之言。在現今的時代，我們又當把這句言語，改爲「易經當用科學的解釋。」又可說：「易經當用合理的解釋。」或是說：「易經當用論理的解釋。」總而言之，易經所說的究理，是要以科學的合理方法爲基礎，解釋易經的道理。解釋易經的科學的興味，卻是從科學的方法發生的。

得卦的事情（即立占得象之事），是要依據假定的設定。（如前所述，這種假定雖然有二分之一的適中性，卻也利單純的假定相同）依據這種假定所得的象，就是把一個卦還元到易經解釋的各因子；也就是把全卦分解綜合成各種元質，作爲易經判斷的材料，然後下易經的料學的判

斷。

在現今的時代，解釋易經，也要和別種一般的社會科學相同；分爲文理解釋（字義解釋），論理解釋，折衷解釋三種。現今依次說明于後。

二、字義解釋　字義解釋就是文理解釋易經是惟一不磨的經典，所以我們可以把易經的文字作爲金科玉律解釋其中文章的字義以爲易經的判斷。

易經裏的易字，是日下一個月字；照着會意的解釋，就是說明宇宙的大義；益字是水下一個皿字；照着會意的解釋，就是水爲易坎之象 ☵ 把這個 ☷，爲成 ☳ 又在它的下邊寫一個皿字，便成了益字解釋起來，就是皿上有水充益之象又有物體增加利益的意味。易經裏的損字是才傍一個員字；照着會

鼉的解釋員是圓的本字圓有玉之義，所以損有從手落玉之象。易經的屯字，上邊的一字是地，中間的屮字是草下邊的一曲是草根所以這個屯字有草根不能從地生出之象。易經上的日字。有日從地上出來之象。易經上的履字，是併合古字的尸、彳、舟、夊而成的尸是人身，彳是行，舟且載物，夊是足就這是步行也可把它當作「運動人身之所以」講解。坎字有欠土之象欠土而成穴，有穴則有陷落之險所以坎字可作穴、陷、險等字講解。

附範圍表

圖
圖
夢

| | | | | | | | | | | | | | 賓卦 | 賓卦 |
|---|---|---|---|---|---|---|---|---|---|---|---|---|---|---|---|
| 全包賓 | 全包賓 | 全包賓 | 全包賓 | 全包賓 | 全包賓 | 全包賓 | 全包賓 | 全包賓 | 全包賓 | 全包賓 | 全包賓 | 全包賓 | 全 包 | 全 |
| 卦伏互 | 卦伏互 | 卦伏互 | 卦伏互 | 卦伏互 | 卦伏互 | 卦伏互 | 卦伏互 | 卦伏互 | 卦伏互 | 卦伏互 | 卦伏互 | 卦伏互 | 伏　　互 | 伏 |
| | | | | | | | | | | | | | 全　位易 | 全 |
| | | | | | | | | | | | | | 伏　　互 | 伏 |
| | | | | | | | | | | | | | 全　顯內 | 全 |
| | | | | | | | | | | | | | 伏　　包 | 伏 |
| | | | | | | | | | | | | | 全　顯外 | 全 |
| | | | | | | | | | | | | | 伏　　互 | 伏 |
| | | | | | | | | | | | | | 全　內外顯 | 全 |
| | | | | | | | | | | | | | 伏　　包 | 伏 |
| | | | | | | | | | | | | | 全　內易位 | 全 |
| | | | | | | | | | | | | | 伏　　互 | 伏 |
| | | | | | | | | | | | | | 全　外易位 | 全 |
| | | | | | | | | | | | | | 伏　　包 | 伏 |
| | | | | | | | | | | | | | 全　內外易位顯 | 全 |
| | | | | | | | | | | | | | 伏　　　　互 | 伏 |

| 本卦之卦 | 賁卦互卦之卦 | （空白） | （空白） | （空白） | （空白） | （空白） | （空白） | （空白） |
|---|---|---|---|---|---|---|---|---|
| 全包交代（伏互） | 全包交代（伏互） | | | | | | | |
| 全包來往（伏互） | 全包位易（伏互） | | | | | | | |
| 全包運移（伏互） | 全包顛內（伏互） | | | | | | | |
| 全包變絡（伏互） | 全包顛外（伏互） | | | | | | | |
| 全包易位（伏互） | 全包內顛（伏互） | | | | | | | |
| 全包顛倒（伏互） | 全包外顛（伏互） | | | | | | | |
| 全包裏面（伏互） | 全包內外顛（伏互） | | | | | | | |
| 全包內顛（伏互） | 全包易位內顛（伏互） | | | | | | | |
| 全包外顛（伏互） | 全包易位外顛（伏互） | | | | | | | |
| 全包內外顛（伏互） | 全包消長運行（伏互） | | | | | | | |
| 全包易位內顛（伏互） | 全包原圖轉序（伏互） | | | | | | | |
| 全包易位外顛（伏互） | 全位易（伏互） | | | | | | | |
| 全位外易（伏互） | | | | | | | | |

一部易經，雖然全可用這種解釋方法；但是，專用這種解釋方法，便成了訓詁註解之書而為一種學派的事業。中國古時的王弼朱子程子等註解易經，全是屬于這種學派。

三、論理解釋（象數解釋）　這個學派的特徵，是對于易經的文章不重文理而用論理的方法解釋得卦之象。例如：解釋火雷噬嗑☲☳卦可以說：「此卦為在山雷頤口中，有不能咀嚼的物體之象，所以要噬嗑」「頤的上九可以作為上顎，初九可以作為下顎，春雷有解開冰水的作用。」用此等言話解釋火雷噬嗑卦，就是論理解釋法。又如：解釋水山蹇☵☶卦可以說：「此卦為面山背水之象故有蹇難。」像這種解釋，也是論理的解釋對于六十四卦全用這種解釋方法以供易經判斷的材料，就是這種學派的特徵。

# 義

解釋易經的興味，不從文理解釋發生而從這種象數解釋發生就是這

種學派的特色。中國古時的虞翻、黃宗羲、惠棟、張惠言等全是屬于這種學派。

四、折衷解釋　把易經的字義和象的解釋，作為根據，而建立適宜的解

釋，叫做折衷解釋；這就是對于前邊所說的字義和象數兩種學派取長去短，

而成為折衷解釋的學派。

五、全體解釋　對于所得的卦，解釋一卦全體的意義，全卦似卦的解釋

方法，就是這種解釋法。

六、分解解釋　把所得一卦的全體，分作幾份各為解釋，叫做分解解釋。

例如：把一個卦分為兩份，作為上卦下卦，或是作為內卦外卦，或是考察二爻

五爻的對象，或是考察相鄰的二爻之比，或是比較二爻的象乘，或是決定該

卦的主爻，或是決定該卦的世爻應爻，或是比較內外兩卦的體用，或是研究該卦的包卦及互卦，分解該卦的六爻解釋各爻的意義或是把各爻分配五行，或是附着九星十干十二支或是決定六親然後加以判斷；此等方法就是屬于分解解釋之法。

七、裏面解釋　這種方法，就是解釋本卦（即遇卦）之卦（即變卦）的伏卦之法。

八、變化解釋　使所得的卦發生交代來往運移變爲、易位顚倒、消長等變化以爲判斷的資料。

九、反對解釋　對于主卦之賓卦，對于本卦之裏面解釋，對于本卦之顚倒解釋等，全是反對解釋之例。

十、對照解釋　對于本卦的之卦，對于內卦的外卦，對于之卦的下卦，全

有解釋二五之對應體用、世應等之必要；解釋此等事項，就是對照解釋。

前邊所說的各種解釋法，全可以在本卦之卦上自由應用此等解

釋法，就可以作爲得卦判斷的資料；此等解釋方法的巧拙，在得卦判斷的方

面差異是很大的，所以在得卦而加以判斷的時候，須要很精密的應用此等

解釋方法以期得着正確的判斷。

十一、推論之範圍及其價值　如上所述，各種學派的推論範圍是各不

相同的究竟推論的範圍，在那一種程度之內是合理的，在那一種程度以上，

就是屬于詭辯的呢？初學者對于這種問題須要特別注意。對于易經的各種

學派，固然有若干論理的推論，然而巧妙複雜的詭辯却也不少；對于易學的

論理的推論和詭辯，是很不容易分的。各種學派注解易經的事情，已經有三千年之久了；所有注解易經的書籍中間，却有許多詭辯能得眞理的，却是很少。在一方面固然是注解易經的人缺乏論理學上方法論的知識，在另一方面初學的人看了許多詭辯的注解，便要彷徨于五里霧中，不能看出易學的眞理；經過三千年之久，關于易學的書籍，已經汗牛充棟了，然而無益的文字，非常之多這確是很可驚異的事情。

初學的人，在用文理的解釋的時候，不可對于字義的解釋，徒費貴重的時日；須要把握着包含在易經文章裏的眞理，才能爲確實的判斷。象數派的學派，很多詭辯的論理倘若沈溺于此，便要忘了解釋易經的眞意。

總而言之在易經的解釋方面初學的人應當明白的事情是在那一種

程度之下，可以得着易經解釋的眞理；那一種程度以上便是不必要的詭辯的論理的遊戲，或是訓詁註釋的末節。倘若初學的人，忘了這種事情超過適宜的境界，捕捉訓詁註釋的末節，或是專爲詭辯的論理的遊戲那末不論研究易學到什麼時候總不能得着易經的眞理。

易經判斷爲個人的人格之反映　建立占筮而得卦之事，乃是一種假定的事情得知這種方法之後，就是童子，也能實行這種占筮。至于易學的科學方面妙味，却不僅是占筮得卦的事情得卦之後加以個人的解釋才能得着易經學問的興味。

以判斷所得的卦雖然相同然而因爲各人的經驗學問人格等各不相同，所以相信占筮的人須要請經驗學問人

着易經學問的興味。占筮得卦之後須要依着個人的經驗、學問、人格等，加以對于該卦的解釋，便大有差異了。所以相信占筮的人須要請經驗、學問、人

格、見識，十分高明的人代為易經占筮，才能得着眞實的判斷。

易經為倫理之學非說明人之吉凶禍福之書　某人解釋易經說：「易經可分為教利占兩部分；教是常道占是權道。」其實易經乃是處世方面倫理哲學之書決定不是占筮的書籍教人出處進退之正道，固然是易經的本來宗旨然而論人的吉凶禍福之事，却不是易經的宗旨若是把經易當作說吉凶禍福的書籍那末這種議論便要超過易經方面科學的說明之範圍了。

根據象數利易經的文字而說占筮的事情到底是賣卜人的言語並非科學方面的說明這種超過科學的論理範圍的議論只可當作一種論理的遊戲；這種遊戲之談却不可作為一種易經方面的學問教授學生現今的時代往往有若干人不知易經的道理誤解這種事實把易經當作預料人間吉凶禍

福的書籍若能明白易經的道理，便不致有這種誤解了。

## ○易經之社會科學方面之價值

以從古以來有許多大學問家要研究易經的眞理。

一、易經之學問方面之興味　在易經中間，有許多學問方面的興味；所

二、易經爲辯證法的唯物論　古時有若干註解易經的人往往要用詭

辯的言語解釋易經。到了現今科學昌明的時代却當依據辯證法的唯物論，

解釋易經；易經學者若能知道易經在科學的方面有相當的價値那末依據科學

的合理性的說明，便可探求易學的眞理。

世上又有若干學者，把易經當作神祕的書籍；對于易經的訓詁註釋，不

惜窮年累月；每一個字的解釋要費去數萬言之多。至于易經的眞理，却仍當

不能闡明。學者須要知道易就是「變」易經就是萬物流轉的理論。這種萬

年不朽的大典到了現今的時代可以用現代科學把它說明；倘若不用科學

的研究方法求得易經的真理那末依據吉凶禍福之說專爲占筮之事固然

是賣卜人的事情；就是道學先生的解釋易經的文字卻也有專重形式之弊，

而非科學的解釋。因爲這個緣故所以本書對于易經要用科學的方法解釋

易經。德國的學者泰爾哈嗎，在所著作的辯證的唯物論入門（Ab, Thalhei-

mers; Einführung in den di alektischen Materialismus Marxistische Bi

-bliothek, Bd. 14.）中間曾經用現代科學的方法說明易經的道理所以

本書依據這種研究易經的方法解釋易經。

三、中國之易經學家　　中國有許多學者以爲易經始于伏羲神農又有

若干學者，不承認此說本書對于這兩種學說，並無判斷是非之必要。現今存

留在世上的易經的文字却多是周文王和周公著作的。文王分成六十四卦，

在每一卦上作表象全體意味的卦辭（象辭）；周公又把六十四卦分成三

百八十四爻作爻辭，籍以解釋各爻的意味。周公作爻辭的時候是在距今二

千九百七十三年之前其後，孔子作易經的十翼（卽上象傳下象傳上象傳

下象傳繫辭上傳繫辭下傳文言傳說卦傳序卦傳雜卦傳。）孔子從五十歲

起研究易學多年方才作十翼。後來中國研究易學的大家相繼輩出，朱子、程

子、王弼、虞翻黄宗羲毛龜齡磝尤眠、梁錫璵、惠棟、張惠任啓運等碩學繼續發

生研究易經的蘊奥著成的典籍很多。

四、易學之趣味 　易經的趣味，在什麽地方呢？爲什麽中國、日本德國英

國有許多學者要研究易經呢？若欲解決此等問題，必須先知道這個易經，在

現今的時代已經成爲全世界的學者應當研究的學問了。在這個易經中間，

確是含有東方學問的精粹所有東方的倫理心理論理哲學宗教天文地文、

曆學數學等以及其他許多東方的學問，全包括在這一部易經中間。因爲這

個緣故所以古今東西，有許多學者要把易經的上下兩卷六十四卦作爲思

考的源泉。

　　五、易經在最近時代不發達之原因　　易經是珍貴而有趣味的書籍然

而在最近的時代却不發達推究它的原因可分三種如左：

　　1. 東方的學問，總是缺乏論理學方面的「方法論」的東方的經子百家

之書，雖然多是以倫理學或是哲學爲根據然而缺乏科學方面的方法論却

是可悲的事情。非但易經如此；所有東方的一切學問，全不像德國學問那樣完全合于論理學的方法。德國的學問，從序論起，到結論爲止，全是依據研究學問的方法論有十分整齊的秩序；但是，在東方的書籍中間要求像德國那樣秩序整齊的書籍卻是一本也沒有。東方古時的學問只是注重目的論用散體文或是詩詞在表象的方面書寫結論這種論文，是和現今時代的論理學的方法論，不能符合的。古人註解易經的文字也是如此所以易經到了現今的時代便不發達了。這種事情就是易學不發達的第一個理由。

2. 從前研究易學的人只是努力在訓詁註釋的事情上。他們對于西洋的學問，本來毫無修養，不能使用論理學的方法；所以他們對于易經的文章，雖然費盡氣力，註解易經的文字；然而關于易經的眞理，卻到底沒有得着到

了最近的時代，易經卻又成了賣卜人營利的書籍；他們不在學問方面研究易經的道理，卻把易經作為自己生活之資賺錢的工具；所以他們解釋易經的言語，便和易經的道理，不能相合了。

3、從前有若干易經學家，把易經當作家學；不肯把對于易經的心得，輕易傳人所以到了近代，易經的學問便不容易流傳于世了。

4、近代學社會科學的人往往輕視易經，把它當作腐儒和賣卜人的書籍，而不屑研究于是易經的學問，到了現今的時代，便逐漸衰微了。

歐洲大戰以後，德國、英國以及其他歐洲的學者除了研究西洋科學之外，又應用歐洲派的方法論觀察東方的學問。像前邊所說的德國學者泰爾哈嗎，就是用科學的方法研究東方學問的人。他們非但研究東方的哲學和

倫理學並且研究東方的文學、美術等許多的學問。他們西洋人尚且能用科學的方法研究易經的學問。我們東方人却不能用最新的科學方法研究東方固有的易學，這却是可悲的事情。所以本書要依着科學的方法研究易經；以期東方固有的學問，全能科學化。

六 占筮之科學的意義　前邊已經說過，用易經占筮的人，須要十分誠心，進入純一無我之境，然後占筮方才可以得着靈驗的卦。這種事情雖然似乎是迷信之事。然而在精神作用的科學方面，却也有相當的價值。神作用的科學的價值，便不能依據易經得着靈驗的占筮占筮的意義和價值，乃是依據一種假定的言語判斷某種事物。易經的六十四卦，是把人數的一切行為，分成六十四類，再把它分析起來，就是易經的上下兩經，共有三十

六個假定。更把它原還起來，就是三十六個假定，全可看作物的兩面所以眞實的要素只有十八個。再就這十八個要素加以考察便可知道：這種假定是從八卦發生的，所以只有八個要素。更進一層注意考察又可知道這八個要素，全有陰陽兩面照着這樣看來可見著作易經的人，只是把人間的萬般複雜的事情分成柔剛、明暗左右天地往來等兩部分。不論那一種人的行爲，那一種複雜的事情，全不能逃出可行和不可行兩種道理。著作易經的人，在說不可行的卦裏，却也要議論可行的道理；在說可行的卦裏又要議論不可行的道理。本書只是依據科學的方法論述所得之卦的適中性對於所得之卦的解決判斷，却是不談。對于易經的判斷，是依着個人的人格，各不相同的；雖然所得的卦只有一個，然而因爲各個人的人格不同所以解釋便有差異了。

易經方面學問的興味，不在于占筮所得之卦，而在于占筮的人依據自己的學識、經驗和人格，對于所得的卦，加以合理的科學的解釋以期應用合宜。

相信世間的事物有精神作用的人，對于所得的卦固然可以把它當作唯一無二的神的命運；就是不相信精神作用的人，卻也可以把所得的卦當作一種假定加以解釋以便應用。例如把所得的卦當作一種假定使它還原成陰陽兩面那末，在這陰陽兩面必然可以求得科學的適中性。

七、易經占筮不能在自己身上應用之理由　有名的法官，不能判斷自身以及親友的案件，這是法律上所規定的。有名的醫師，不能判斷自身以及妻子的疾病，這也是醫學方面的經驗之談。因爲法官或醫師，對于關係太近的事情，往往在審判或診察的時候先有種種雜念和想像以致不能爲正確

的判斷。易經占筮方面，也是如此；對于自己的事情，最難判斷。並且對于關係

太近的親友，也不容易做正確的判斷。

## ○社會科學方面之易學

一、易學爲東方之社會科學　易經中間，含有政治學、經濟學、社會學等

實重要素讀了易經的上下兩經的文章，便可看出古時聖人的關于政治、社

會經濟等學的意見。雖然它的記述的形式，和表現的方法，不像歐洲派學問

那儀秩序整齊；但是，中國的諸子百家之書全和易經相同，對于各種學問只

是做斷片的記載我們對于易經可以不必問它的記述方法如何只當研究

其中所包含的學問。

二、易經爲東方倫理哲學之書　易經的上下兩經中間，非但含有社會

科學，並且包含着倫理哲學因爲易經裏包含着倫理哲學所以很有價值。

三、易經爲辯證法的唯物論　易經又是記載哲學上方法論——尤其是辯證法的唯物論——的書籍。關于此點頗有說明之必要現在把它的說明，記述如左：

（二）「對立之透通」　辯證法的唯物論裏，第一個命題，是「對立之透通。」易經的根本原理，是從天地陰陽對立出發的。一部易經全是說明陰陽對立的道理所以和「對立之透通」的道理是相合的。例如：一部易經分爲上下兩經六十四卦，全是說明天地陰陽、剛柔男女對立的事情。

（1）六十四卦中間，左邊的八卦之象是顛倒相同的。

乾☰　坤☷　坎☵　離☲

（2）六十四卦中間除了八卦之外其他的五十六卦，全是依據「綜卦」的關係，發生左邊所記二十八卦上下顛倒的變化這種變化也是表現對立的狀態。

頤　大過　中孚　小過

屯　需　師　小畜

泰　同人　謙　隨

臨　噬嗑　剝　无妄

咸　遯　晉　家人

蹇　損　夬　萃

困　革　震　漸

除此之外，在易經的解釋方面，有內卦外卦上卦下卦應爻

一四之對爻、比爻（鄰比對應）、五卦（二三四、三四五之交互對應、（二五、三六

卦（表裏對照）上下顛倒（內顛外顛、內外兩顛）交代生卦來往生卦運

豐䷶　巽䷸　渙䷺　既濟䷾

移生卦變位生卦易位顛倒等全是這種「對立透通」的應用。

易經中間字句的用法，有吉凶悔吝、有咎无咎有利不利君子小人明暗、

恆變孚亡初姤動止喜哀孤眾往來、進退利不利悲悅剛柔健順等文字也全

是「對立之透通」所以我們可以說：一部易經全是講「對立透通」之理的。

在對立中間有絕對的相異性又有同等性所以有若干學者主張「世

間一切物體，有過程，有變化，有萬物流轉之相」的學說。物體的變化是有對

立性、相異性、矛盾性、同等性、統一性的；在陽一和陰二的矛盾與統一之中又有陰陽相交的事情陰陽相交的結果，便生出新的陰陽一來；太極生兩儀（一陽一陰）兩儀之陰陽相交而成八卦，又從八卦生出六十四卦六十四卦裏的爻數共有三百八十四爻，陰爻一百九十二陽爻一百九十二每一個陰爻有二十四策，所以共計有四千六百零八策每一個陽爻有三十六策，所以共計有六千九百十二策；合併陰陽兩爻裏的策數總計有一萬一千五百二十策藉以表示無窮的變化。

（二）萬物流轉之相：唯物辯證法論的第二命題，是「萬物流轉之相。」易經的易字，本來是表示變化的。〜〜〜易經的易字本來是表示變化的日字下邊再寫個月字，便成了易字藉以表示天地變化之理；並且易字是從蜥蜴的蜴字來的蜥蜴一日變色十二度，

易經占卜靈書

所以蜴字是有變化的意義易就是變易周易的周字有周到普遍的意義表示天地的變化所以叫做周易又在易經中間說明這種變化的文字很多。「生生之謂易」「物窮則通」「一闔一闢謂之變往來無窮謂之通」「天地之變化聖人傚之」看了此等文字可見這部易經實是說明「萬物流轉之相」的書籍了。

又在本筮法方面有老陰和老陽的言語老陰的解釋是陰極而陽初生把此爻做成變卦就是使老陰變化成陽老陽的解釋是陽極而將成陰把此爻做成變卦就是使老陽變化成陰擲錢法的三面（老陰）三背（老陽）也是依着這種道理使老陰或老陽變化藉以做成變卦（即之卦。

六畫全陰的☷坤卦可以作爲陰極在這個全陰之中却已經含着春

氣c五陰之下，一陽初生，便得着☷☷復卦；這個復卦，就是有一陽來復的意義。

在六畫全陽☰☰乾卦方面理由也是相同；乾的中間已經有陰的曙光五陽

之下，一陰初來，便得着☰☴姤卦；這個姤卦，就是有五陽初遇一陰的意義。一

陰雖弱，然有消滅五陽而上升之勢。所以姤卦又有「女壯」的意味。易經天風

姤卦的彖辭說：「女壯也娶女勿用」就是這個道理。

依據這種理論便可解釋資本主義和社會主義的消長之機；在資本主

義經濟組織十分成熟的時期，該組織的自體中間卻早已存着破壞該組織

的社會主義的萌芽所以陰陽消長的理論也和辯證法論的議論相合。

（三）易之唯物觀　易經又是一種「唯物論」；不論觀察易經那一卦，

全可看見：「往利」和「往不利」等文字這就是著作易經的人把利不利

等言語，作爲判斷一切事情的標準。

易經的根柢是在于功利主義；中國古時的儒家，重仁義而輕利，長國家，務財用，和小人的自私自利，是大不相同的。易經中間，却不諱言利並且要用吉凶成敗等言語判斷人事又在易經中間，有散見的文章如左：

一、何以聚人曰財。理財正辭禁民之非曰義。

一、不耕獲不菑畬則所往有利。

一、以不家食爲吉。

一、需爲飲食之道。

一、不富而率其隣利用侵伐。

一、噬腊肉而遇毒。

一、筮乾肉而得黃金。

一、有樽酒簋。

一、君子于行三日不食，往有攸。

一、困于酒食朱紱方來。

一、井泥不食。

一、雉之膏則食。

一、在旅處得資斧。

一、巽在牀下喪其資斧。

一、益上損下益。

一、損下損上益。

看了此等文章可見著作易經的人，確是有徹底的唯物觀了。

易經之價值　現在有一知半解學問淺薄的少年，多是主張科學萬能論，以為易經是沒有價值的書籍。其實這種少年，却是沒有詳細知道易經的內容，只把書坊裏說人生吉凶禍福的占筮之書當作易經的本文所以對于易經所說的道理便毫無心得了。易經實是記述倫理哲學社會學政治學等學問的書籍。決定不是專說人類吉凶禍福的書籍總而言之世上賣卜之徒，乘著人心的弱點，破壞科學的推論範圍曲解易經的文字專說吉凶禍福藉以賣卜賺錢，于是本來論說哲學倫理社會學政治學等學問的易經，却變成了專講占筮之書學問淺薄的少年看了賣卜人註解易經的書籍便說易經沒有科學的價值究竟專說吉凶禍福之罪當歸之于賣卜人註解易經的書

籍，却不應歸之于易經本來的文章。

世人所說：「沒有科學的價值」的言語，却有兩種意味。第一種意味，是沒有精神科學和社會科學的價值第二種意味，是沒有自然科學的價值。

易經是社會科學的一種，包含着倫理學哲學政治學社會學等學問當然有精神科學和社會科學的價值。

證法的唯物論，不單是社會科學的方法論並且又是自然科學的方法論因爲這個緣故所以易經在自然科學方面的價值也和數學、物理歷學天文地文等自然科學的價值相同。

## ○引用易經之別種占法

判斷易經占筮的時候又可依據各種理論說明易理，加以判斷。易經的

理論，就是陰陽動靜的道理；然而賣卜的人，卻又要借用易理以外的理論，說

明占卜的事情。

　　賣卜人所借用易理以外的理論，有五行易九星術、天源十二宮術、淘宮

術、神道佛說等賣卜人在說明占卜的時候最重要的是五行易九星術天源

術、淘宮術等此等論說在近代科學方面，是否有相當的價值這卻未便遽行

斷定現在先把此等論說的概要記述于後以供參考。

　　　五行易

　　一、「五行易說」與易經之理不同　解釋易經的材料，有五行之說然而

這種五行之說，卻和易經的原理，顯有區別。世上崇尚詭辯的人，把易經的理

論和五行之說混合併用以致易經的解釋複雜難明，卻是恨事這種五行易

說，在解釋易理方面，並無有力的根據。然而近代的易經學家和賣卜的人，在

解釋易經的時候往往要引用五行之說；因爲這個緣故所以著者也要把該

說的概要記在下邊。

書往方當讀
淅庵氏有傳
蕃行名蕃三
政

一、「五行易說」之起原　五行易之說起于何時，雖然不能確實明白，然

在尚書和素問中間屢屢說：「洪範者，箕子授于武王者也」照着這樣看來，

可見五行之說，在武王時代是已經有的了。把這種五行之說和易經的解釋

結連起來的學者，有漢朝的焦贛、京房等人。

這種五行易，是依據五行相生相尅的理論，判斷吉凶存亡據說：「陰陽

動靜而成五行，造萬物所以天地間一切事物不出五行之外。」五行是從陰

陽分出來的；所以用五行易說明事物之理，比只用陰陽說明的較爲精密。總

而言之，五行易法是把五行分配在八卦和六十四卦裏，然後加以判斷。這種五行易所用的年月日是常用陰曆的。

五行是人類生活所必需的利用厚生之源，分為水、火、木、金、土五種。天地萬物，全不能起出這五種；所以五行可以包括天地萬物。地上初生的是水，水生木，木生火，火生土，土生金，金又生水，水因為這個緣故所以萬物從水出上邊所說的，就是五行易的根本原理。

一、五行相生　水生木，木生火，火生土，土生金，金又生水，這就是五行相生之說。現在把它的理由略述如左：

（甲）水生木　據古人說：水是木之母，水竭則木枯把斷根之木，浸在水裏，也能暫時生存果實在未熟之前所包含的多是水，花在尚未發達之前，採

破了便要出水。依據此等事實可知：水生木的事情是確實的了。有人問：「木從土生，無土則木難永久生存爲什麼不說土生木卻要說水生木呢？」我們欲解決這種問題須要研究下文所記的「土爲水之良人」的言語。無父（土）則子（木）不生。然而生子（木）的不是父（土，）卻是母（水。）

（乙）木生火　木爲火之母。無木則火不燃，木竭則火消。例如使檜樹的木材互相摩擦便能發火。有人問：「金和金相打石和石相打，金和石相打積極的電氣和消極的電氣互相接觸全能發火爲什麼專說木能生火呢？」我們須要知道這種問題裏所說的火全是無體之火必須有木才能成有體的火（煤也是從木生成的。）因爲這個緣故所以說木能生火。

（丙）火生土　火滅成灰，灰與土爲一體這就是火生土的證據。

（丁）土生金　礦山生金屬，就是土生金的證據。海中生金雖然似乎是水能生金然而海中的金卻是從海底土裏生出來的所以仍舊是土生金。

（戊）金生水　據古人說：「用火炙金則水出。」這就是金生水的證據。

有人問：「用火炙金，生出水來爲什麼不說火生水呢？」欲解決這種問題須要知道「火爲金之良人」金母遇火父才能生出水子。

一、五行相尅

（甲）水尅火　用水灌火則火滅，這就是水尅火的證據。

（乙）火尅金　用火燒金則金熔化例如：黃金雖然是堅固的金屬然而加熱到華氏六百五十度，便要熔化這就是火尅金的證據。

（丙）金尅木　金屬能把樹木切斷這就是金尅木的證據。

易經占卜靈書

（丁）木尅土　樹木生在地上，樹根便要穿土，這就是木尅土的證據。

（戊）土尅水　築隄防于水路則水不能流投土于清水則其水濁這就
是土尅水的證據。五行相尅之說，見于淮南子；在淮南子的地形訓裏曾經說：
「木勝土水勝火火勝金金勝木。」後人的五行相尅之說，就是從此發生的。

一、以五行相生相尅之說應用于男女之事　水勝火，火勝金，金勝木，木
勝土，土勝水。例如：火畏水，故女性之丁爲壬（水之男性）之妻。左傳昭公九年，
有「火爲水妃」之文該文的註解有「火畏水，故妃之」的言語戊己爲土，庚
辛爲金壬癸爲水。木尅土土尅水水尅火火尅金金尅木木畏金而乙爲庚妃金畏火，
而辛爲丙妃火畏水，而丁爲壬妃水畏土而癸爲戊妃土畏木，而己爲甲妃現
在用圖表示如左：

| 相生 | 相比和 | 相尅 |
|---|---|---|
| 吉 | 半吉 | 凶 |
| 木與火 | 木與木 | 木與土 |
| 火與土 | 火與火 | 火與金 |
| 土與金 | 土與土 | 土與水 |
| 金與水 | 金與金 | 金與水 |
| 水與木 | 水與水 | 水與火 |

一、以九星十二支分配五行之事　九星是指一白、二黑、三碧、四綠、五黃、六白、七赤、八白、九紫而言這九星可以分配五行。十干是甲、乙、丙、丁、戊、己、庚、辛壬癸。把這十干分配五行，就是甲乙為木丙丁為火戊己為土庚辛為金，

壬癸為水。甲、丙、戊、庚、壬為陽，乙、丁、己、辛、癸為陰。前五個是男性，後五個是女性。

十二支是子丑寅卯辰巳午未申酉戌亥子寅辰午申戌六個是陽是剛；丑、卯、巳、未、酉、亥六個是陰是柔。現在把九星十干十二支分配五行的圖舉出如左：

| 五行 | 九星 | 十干 | 十二支 |
|---|---|---|---|
| 木 | 三綠四碧 | 甲乙 | 寅卯 |
| 火 | 九紫 | 丙丁 | 巳午 |
| 土 | 二黑五黃八白 | 己戊 | 丑辰未戌 |
| 金 | 六白七赤 | 庚辛 | 申酉 |
| 水 | 一白 | 壬癸 | 子亥 |

一，五親　五親是指父母子孫、妻財兄弟、官鬼而言這五親之中，生我者為父母，我所生者為子孫與我同等者為兄弟，我尅者為妻財尅我者為官鬼。

五親也可分配五行；例如從水說來，生我者木，故木為子孫與我同等者為水，故水為兄弟。我尅者火，故火為我之妻財尅我者金，故金為官鬼。其餘可以類推而知。現在把它表示如左：

△與我同性者為兄弟。　所以屬坤土，以及屬艮土的諸卦之中，辰戌未丑等土支之爻，必為兄弟。因為土旺土同氣相求所以是兄弟。

△生我者為父母。　所以屬于離火的諸卦之中，寅卯等木支之爻，必為

父母木生火，所以木爲生我（火）的父母。

△我所生者爲子孫　所以屬于震巽木的諸卦之中巳午等火支之爻，必爲子孫木生火，所以火生子孫（火）。

△尅我者爲官鬼　所以屬于坎水的諸卦之中辰戌未丑等土支之爻，必爲官鬼土尅水，所以從彼（土）尅我（水）。

△我所尅者爲妻財　所以屬于乾兌金的諸卦之中寅卯等爻，必爲妻財金尅木，所以我（金）尅彼（木）。

五親表

| 父母 | 子孫 | 兄弟 | 妻財 | 官鬼 |
|---|---|---|---|---|
| 水⋯金 | 木 | 水 | 火 | 土 |

火…木　　土　　火　　金　　水

木…水　　火　　木　　土　　金

金…土　　水　　金　　木　　火

土…火　　金　　土　　水　　木

△父母之用。父母為生我者，能防凶生吉逢妻財而被破，會官鬼而增力。動則子孫不吉，病人服藥無效，婚姻不成，買賣無利，行人有音信，仕宦獲援助。

「運氣」以父母為體。動則雖有子孫之爻，亦無功用；其人已失子息，或無子孫。

「婚姻」主婚儀者為父母。若無此爻，或遇空亡之時，則為野合聘禮不成。

「生產」父母傷害生產動則生子難育。

「仕宦」父母能使印綬文書旺相而貴空亡則不吉。

「訴訟」父母能使狀詞有效。動則混雜。原告貴父母強盛，被告以父母衰

弱爲吉。

「盜賊」父母爲窩藏。動則盜賊隱藏，不能捕獲。

「求財」父母能絕財源動一回則求財可得再三動則求財不得。

「旅行」父母爲行李遇旺相則得財會休囚則爲散財之非。

「行人」父母爲書信。動而尅世爻，則音信必至宿于震而帶金火，則電報

來。空亡則音信絕。

「住宅」父母爲屋舍遇旺相則家宅安甯。

△兄弟之用　兄弟與我比和。不能生福，亦不起凶。逢官鬼則破，會父母則吉。此爻動則尅妻財助子孫。占病吉求財而財破行人不至路上無妨買賣無利用人不住。

「運氣」內卦爲兄弟，外卦爲朋友。與世爻相生則兄弟和睦朋友可交與世爻相尅則反之。

「婚姻」兄弟爲費財，爲虛妄遇世爻而動，則雖成婚，將來亦必離異在世應之間則媒妁語多虛妄。

「生產」兄弟爲傷害妻爻空亡而此爻動，則母體危。

「仕宦」兄弟爲阻神爲費財爲嫉妬遇旺相而動則事生阻滯。

「訴訟」兄弟爲耗神爲虛言動而尅世爻則我費財動而尅應爻則他人

費財。

「求財」兄弟為惡客。遇世爻而動，則財不得。會伏神而動，則可與人一同求財。

「旅行」兄弟為伴侶。遇旺相則同行多。遇衰則同行少，不宜動，動則費財而歸遲。

「住宅」兄弟為破財之神。遇旺相則家宅與旺。動則徒勞，人雖勤苦而報酬則少。

△子孫之用　子孫為我所生卦中至吉之神也。神卦出此大吉，忌遇父母，喜兄弟此爻動時可制官鬼之害。占病見此，得名醫靈藥而病愈。旅行買賣得此，則身康健而有吉慶。婚姻得此吉產婦容易產子，子體亦健，訴訟不吉辯

護士及同人均爲空論而訟不勝。仕宦得此，不可妄進，笑傲于林泉則吉。

「運氣」子孫爲福德。若遇世爻，則衣食足而祿多雖臨險當危，亦因有助而免。

「婚姻」子孫爲子女。卦中無子孫爻則無子不宜動，動則破。

「生產」子孫爲用神。陽爻遇旺相則生男陰爻遇休囚則產女。若落空亡，則不能養子。

「仕宦」子孫爲傷官之神。爲剝位，爲退職。動則仕宦不成現任官占卜，遇此爻動則削職退位若官鬼有勢相助，則可免害。

「訴訟」子孫爲解神能勸人和解旺相而動，則訴訟必解世應比和而動，則必與人和睦。

「失物」子孫為捉神，動則盜必獲，發見失物之所在；動而遇旺相，則有利。

「求財」子孫為顧客又為財源，旺相而動，則經營可久，財源不絕落空亡，或遇尅則無顧客若有妻財而遇旺相，則一度求財可得，再求則不得。

「旅行」子孫為良伴，為錢神，動于內卦，則路逢良伴。

「行人」子孫為吉兆，動而尅世爻，則歸期近。

「疾病」子孫為醫藥，動則病安，卦中無此爻則凶，空亡則藥無功效。

「住宅」子孫為家族，為從者，遇旺相則家族從者眾。

△官鬼之用　官鬼為尅我者，見此則凶畏子孫爻，依賴妻財之爻官鬼雖為凶神，然而卦上無此爻則更凶宜靜，不宜發動此爻動則害兄弟；占婚姻，

滯而不成病苦門庭有禍祟來身爻動于此上，則萬事不吉旅行有災訴訟被

囚累傷身買賣少利競爭之事必敗失物難尋。

「運氣」官鬼旺相而得正則祿重官進不得正則凶，疾病難愈。

「婚姻」官鬼為夫不為妻旺相而宿于震或離，則為俊才賢明之人物。婚姻可成，然有夫家被破之患。

「生產」官鬼為忌神宿于六爻之任何一爻均凶帶空亡而發動，則因病而流產。

「仕宦」官鬼為用神旺相而動，則可得長上之惠。

「訴訟」官鬼為官吏動而尅世爻則我不利訟必敗，動而尅應爻，則他人必蒙責罰。

「失物」官鬼為盜賊。初爻見此則家有賊；二三爻見此，則有隣里之賊；此

爻在外卦，則爲外賊；上爻見此，則爲遠處之賊。

〔求財〕官鬼爲介紹若卦中無此，或落空亡，則求財不得。

〔旅行〕官鬼爲阻滯之神。在上卦遇世爻而衰則將出行遇旺相，則不出

行。

〔行人〕官鬼爲病神若剋用爻，則途中患病甚至失踪。

〔住宅〕官鬼爲錢神旺相而生世爻，則財聚。

〔遷移〕官鬼爲惡客。動則有災。

△妻財之用　妻財爲我所剋者。諸事遇之吉惟占父母之身，遇此則不

吉。出于兄弟之卦則有損出于子孫之卦則吉會官鬼則洩氣而不利。此爻動

則剋父母求官不得買賣有官廳之利。婚姻如意，有喜行人從外來。產婦安失

物在家內病傷胃。

「運氣」妻財為一生之衣祿。若在本卦三爻而遇生旺，則四十歲以後得福，獲財產有名望。

「婚姻」妻財為婦人動則不吉傷翁姑。

「生產」妻財為產婦。旺相而無尅，則臨產平安。

「仕宦」妻財為俸祿。若不出于卦，或出于卦而動，則文書難成。

「訴訟」妻財為解神遇世爻而動，則我有利。訟事無阻而易成功。

「求財」妻財為用神為一卦之主宰生世爻則不吉尅世爻則吉空亡不利。

「旅行」妻財為錢神。旺相則出行而多財利。遇空亡而泄氣則宜注意路

人之叔掠。

「行人」妻財爲財利遇吉神而旺相，必有福利。

「住宅」妻財爲財寶若出于要財卦，則財寶少財爻爲土，則其家有五穀豐登之田地爲火財則其家可養蠶爲木財，則產生樹木果實爲水財，則有魚鹽之利爲金財則富有金錢。

一八害　把乾坤震巽坎離艮兌八卦，作爲八宮的首卦；又把其餘五十六卦分配在八宮裏每宮有八卦便成了乾宮八卦坤宮八卦震宮八卦……等八宮八卦現在把八宮八卦列舉如左：

坤宮八卦　　坤、復、臨、泰、大壯、夬、需、比。

乾宮八卦　　乾、姤、遯、否、觀、剝、晉、火有。

震宮八卦　震豫解恆升井隨大過。

巽宮八卦　巽小畜家人益无妄噬嗑頤蠱。

坎宮八卦　坎節屯既濟革豐明夷師。

離宮八卦　離旅鼎未濟蒙渙訟同人。

艮宮八卦　艮賁大畜損睽履中孚漸。

兌宮八卦　兌困萃咸蹇謙小過歸妹。

又把六十四卦，分為本宮一世二世三世四世、五世遊魂、歸魂可以表示

如左：

| 乾宮 | 坤 |
|---|---|
| 本　復 | 復 |
| 姤世一 | 臨 |
| 遯世二 | 泰 |
| 否世三 | 大壯 |
| 觀世四 | 夬 |
| 剝世五 | 需 |
| 晉遊魂 | 比 |
| 大有歸魂 |  |

一、遊魂　歸魂　遊魂是死道乾的遊魂是晉☲☰卦就下卦而言下卦

的乾形，變而爲艮就是變爲遊魂，而成死道歸魂是生道乾的歸魂是大有☰

☰卦坤變爲乾就是變爲歸魂，而成生道。在占卜方面遊魂、歸魂之用如下：占

卜病人生死的時候，遇着遊魂病人必死遇着歸魂，病可痊愈在占卜行人的

| 震 | 巽 | 坎 | 離 | 艮 | 兌 |
|---|---|---|---|---|---|
| 豫 | 小畜 | 節 | 旅 | 賁 | 困 |
| 解 | 家人 | 屯 | 鼎 | 大畜 | 萃 |
| 恆 | 益 | 既濟 | 未濟 | 損 | 咸 |
| 升 | 无妄 | 革 | 蒙 | 睽 | 蹇 |
| 井 | 噬嗑 | 豐 | 渙 | 履 | 謙 |
| 大過 | 頤 | 明夷 | 訟 | 中孚 | 小過 |
| 隨 | 蠱 | 師 | 同人 | 漸 | 歸妹 |

時候，遇着遊魂，行人不歸，遇着歸魂，行人必歸。

一官鬼　前邊所說的官鬼二字，可以當作「政府」解釋。政府明白，是不赦罪人的。官鬼的鬼字，有鬼神的意味；是縱然對于輕微之罪，卻也不肯饒赦的。

一世應身　在易經裏的六十四卦中間，每一個卦，全可決定世、應、身決定世應身的方法，須要依着左邊的規則。

△八純卦中世在上爻。　　　　△一世之卦、世在初爻。

△二世之卦、世在第二爻。　　△三世之卦、世在第三爻。

△四世之卦、世在第四爻。　　△五世之卦、世在第五爻。

△遊魂之卦世在第五爻。　　　△歸魂之卦世在第三爻。

其次應爻是和世爻互相對應的爻，所以應和世的中間，隔開兩爻。

△世在初爻，則應在四爻。

△世在二爻，則應在五爻。

△世在三爻，則應在上爻。

△世在四爻、則應在初爻。

△世在五爻，則應在二爻。

△世在上爻、則應在三爻。

其次，身爻有二種，就是卦身和爻身這個卦身是在六十四卦裏決定的。

假定五月之卦是地雷豫那末陰曆五月是午月，所以要在卦裏尋找午爻看出第四爻是庚午便可決定卦身是第四爻。若見該卦的六爻裏沒有這個月支便可決定該卦沒有卦身例如：澤雷隨是七月之卦，七月是申月，在隨卦的六爻裏却不見申爻所以隨卦沒有卦身又如地澤臨是十二月之卦，十二月是丑月；該卦的第三第四兩爻全是丑爻，所以臨卦有兩個卦身。

易經占卜靈書

每卦必有一個爻身它的命法如左：

▽不論那一個卦，全是把初爻作爲子午。

▽先看世爻的地支然後把地支從初爻數向上爻，數到世爻的地支爲止該支所止之處，就是爻身。

子1.丑2.寅3.卯4.辰5.巳6.午7.未8.申9.酉10.戌11.亥12.

起上 辰戌五 卯酉四 寅申三 丑未 午子 初

△子午世身在初爻。

△丑未世身在二爻。

△寅申世身在三爻。

△卯酉世身在四爻。

△辰戌世身在五爻。

△巳亥世身在六爻。

例如澤山咸卦，三世申支初爻爲午二爻爲未三爻爲申；這個三爻就是

爻身。所以咸卦之中，世和身同位。又如：風雷益卦世支為辰初爻為子二爻為丑三爻為寅四爻為卯，五爻為辰所以益卦之中五爻是爻身其餘各卦的爻身，可以類推。在占卜方面是把世爻當作自己應爻當作他人。

一、體用　在占筮方面若是上卦的三爻中間有動爻那末下卦為體。倘若下卦的三爻中間有動爻那末下卦為用，下卦為體。體和用卦互卦變卦等相生，則吉體被用卦互卦變卦等所尅則凶。又在這個時候把體卦當作占卜之主，把用卦當作占卜的事件。

一、六神　六神又名六獸可以列舉如左：

一青龍　二朱雀　三勾陳　四騰蛇　五白虎　六玄武

把六神分配五行的方法如左：

青龍木　朱雀火　勾陳土　騰蛇土　白虎金　玄武水

占卜的時候，應用六神的方法是把占日的十干放在卦之下作爲初爻，從此數起依次把六神分配在六爻上。

(例一)甲乙之日　　玄武　白虎　騰蛇　勾陳　朱雀　青龍
　　　　　　　　　(上爻)(五爻)(四爻)(三爻)(二爻)(初爻)

(例二)丙丁之日　　青龍　玄武　白虎　騰蛇　勾陳　朱雀
　　　　　　　　　(上爻)(五爻)(四爻)(三爻)(二爻)(初爻)

六神之用，可以觀察一切物之性情；現在分成各項，說明如左：

(一)青龍　爲多仁之神。○遇用神而動，則吉。○遇仇神忌神而動，則不利，或有酒色之災。若變動而用神甚盛則得富有金錢之妻又有增加俸祿之

喜。臨日辰月建而動，六與前同。○占家宅之事，青龍在妻財爻旺相而盛則爲致富之象。○占卜尋人之事用神不動而世爻尅青龍則可向戲館或酒店尋得。

（二）朱雀　在兄弟爻而動，則有口舌。○臨日辰月建而動則諸事均吉。○動而生新卦或世爻生用神則吉又可獲得文書之類。○午爻遇官鬼而動，則有火災化爲水爻則無災。

（三）勾陳　動而生用爻則吉。○動則田地無憂。○土爻遇官鬼則吉。○勾陳遇空亡則田中無收獲臨忌神則艱難困苦。○强盛而尅世則公事有阻碍。○占病爲浮腫之類。

（四）騰蛇　日辰月建臨之而動，則怪事多。○爲一切怪異之事又爲驚

駭之事。○爲怪夢陰魔之類。○遇官鬼而尅用爻,則多憂。○臨寅卯之爻而遇空亡,爲日辰所沖則凶臨寅卯之爻,刑尅卦身世爻用神則有自縊之事。

(五)白虎 動則有喪事。○日辰月建臨之則破財。○占宦途或疾病,白虎動則凶。○生用神則吉○臨申酉之爻,動而尅用神,則有受世人批評之事。臨巳午之爻而生卦身世爻用神,則吉。○白虎爲血神,故占生產而見白虎動者吉○爲勇猛好殺之神。

(六)玄武 動則多暗昧之事。○臨官鬼而動,則有盜賊之患若生世爻,則盜賊之患可免。○臨仇神忌神而動則有奸盜之事。○臨日辰月建,則有內亂。○臨官鬼世爻不動而生之,則與小人交而無害。

一、旺衰　一切的卦爻全可依據春夏秋冬四時，分出旺相休囚死來。旺

| 日＼爻 | 甲乙 | 丙丁 | 戊 | 己 | 庚辛 | 壬癸 |
|---|---|---|---|---|---|---|
| 上爻 | 玄武 | 青龍 | 朱雀 | 勾陳 | 螣蛇 | 白虎 |
| 五爻 | 白虎 | 玄武 | 青龍 | 朱雀 | 勾陳 | 螣蛇 |
| 四爻 | 螣蛇 | 白虎 | 玄武 | 青龍 | 朱雀 | 勾陳 |
| 三爻 | 勾陳 | 螣蛇 | 白虎 | 玄武 | 青龍 | 朱雀 |
| 二爻 | 朱雀 | 勾陳 | 螣蛇 | 白虎 | 玄武 | 青龍 |
| 初爻 | 青龍 | 朱雀 | 勾陳 | 螣蛇 | 白虎 | 玄武 |

有盛和王的意義相有輔和宰相的意義休是功成名遂退而休息的意義囚

是剋旺而捕之的意義死是旺被剋被殺的意義例如：春行木令所以震巽之

卦和寅卯之爻為旺，木生火所以離卦和巳午之爻為相。

乾兌之卦及申酉之爻和時令相反而不能活動所以為囚水生木，

及亥子之爻已生時令而休息，所以為休。木剋土艮坤之卦及丑辰未戌之爻，

被時令所剋所以為死。休囚死三種，或是不能活動，或是休息，或是被剋所以

這三種全叫做衰用通俗的言語解說起來，就是木盛于春季夏季已經成功，

所以休息四季得囚旺之力，秋季則旺被剋冬季相旺。

火盛于夏四季則功成而休息秋季則得囚旺之力，冬則旺被剋，春則相

旺。其餘土金水的旺衰可以參看下圖而知。

| 時令＼配譬 | 春 | 夏 | 四季 | 秋 | 冬 |
|---|---|---|---|---|---|
| 旺 | 木 | 火 | 土 | 金 | 水 |
| 相 | 火 | 土 | 金 | 水 | 木 |
| 休 | 水 | 木 | 火 | 土 | 金 |
| 囚 | 金 | 水 | 木 | 火 | 土 |
| 死 | 土 | 金 | 水 | 木 | 火 |

一、空亡 空亡有幾種，可用左法之一。

先在曆本上調查甲的某日。

△從甲子之日，到癸酉之日十日之間戌爻亥爻為空亡。

易經占卜靈書

△從甲戌之日到癸未之日十日之間，申爻酉爻為空亡。

△從甲申之日到癸巳之日十日之間，午爻未爻為空亡。

△從甲午之日，到癸卯之日十日之間，辰爻巳爻為空亡。

△從甲辰之日到癸丑之日，十日之間，寅爻卯爻為空亡。

△從甲寅之日到癸亥之日十日之間，子爻丑爻為空亡。

例如占卦地山謙，得于丙辰之日，則該旬實屬于甲寅，子爻丑爻為空亡；調查謙卦第四爻癸丑為土之爻母。此第四爻卽為空亡又如：戊申之日，得水風井卦則在甲辰之旬中寅爻與卯爻為空亡。然而井卦無寅卯所以飛神不見空亡惟用伏神第二爻庚寅為木之兄弟。此第二爻可視為空亡。其餘各卦，以此為準用神所必需者吉利者有生氣者均忌空亡有凶惡之尅氣者有泄

一六〇

氣者，見空亡則可喜現在表解如左：

| | | | | | | |
|---|---|---|---|---|---|---|
| 寅甲 | 辰甲 | 午甲 | 申甲 | 戌甲 | 子甲 | |
| 卯乙 | 巳乙 | 未乙 | 酉乙 | 亥乙 | 丑乙 | |
| 辰丙 | 午丙 | 申丙 | 戌丙 | 子丙 | 寅丙 | |
| 巳丁 | 未丁 | 酉丁 | 亥丁 | 丑丁 | 卯丁 | |
| 午戊 | 申戊 | 戌戊 | 子戊 | 寅戊 | 辰戊 | |
| 未己 | 酉己 | 亥己 | 丑己 | 卯己 | 巳己 | |
| 申庚 | 戌庚 | 子庚 | 寅庚 | 辰庚 | 午庚 | |
| 酉辛 | 亥辛 | 丑辛 | 卯辛 | 巳辛 | 未辛 | |
| 戌壬 | 子壬 | 寅壬 | 辰壬 | 午壬 | 申壬 | |
| 亥癸 | 丑癸 | 卯癸 | 巳癸 | 未癸 | 酉癸 | |
| 子丑 | 寅卯 | 辰巳 | 午未 | 申酉 | 戌亥 | 室亡 |

二、九星術　九星術中，有「天盤」如左：

| 巽宮 ◐九 | 離宮 ◑五 | 坤宮 ◑七 |
|---|---|---|
| 震宮 ○八 | 中宮 ●一 | 兌宮 ○三 |
| 艮宮 ◐四 | 坎宮 ●六 | 乾宮 ◑二 |

依據人的年、月、日、時、便可建定本宮（即中宮）占卜時候的四盤就是年盤、月盤日盤時刻盤；把它嵌在前邊所記的天盤圖裏比較研究，便可加以判斷。

三、天源術　淘宮術　天源術是把十干十二支分配人的天賦的性質，而加以判斷的方法這種方法是起于太古伏羲神農時代成于禹王之手老、莊、孔、孟亦以天源術爲基礎而說道德這種天源術只知人類天賦的運命對于該運命並無開拓變化轉禍爲福之法後世的道家改良天源術又發明變

化人類氣質的方法，名爲淘宮術。

四、四柱推命之學　這是用生年月日時的干支占卜運命的方法；唐朝李虛中發明此法之後宋朝徐公外又把此法著作成書，名爲淵海子平。

五、人相　手相　骨相　人相和手相，就是相面和相手的法術這兩種法術，是從中國古時傳下來的；星相家往往把這兩種法術和易經占卜法混合併用，判斷人的性質命運骨相是有西洋的相骨法和中國古時傳下來的摸骨相法兩種。星相家在判斷易經占卜法的時候也有混用骨相法的事情。

六、其餘又有墨色判斷姓名判斷星術占等各種占卜方法星相家往往把此等占法和易經占卜法混合併用。

〇實際問題方面之應用解釋

一、關于實際問題解釋之注意　　在實際問題的解釋方面用純粹的易經理論的時候頗少用五行易、九星術等理論的時候較多所以欲用易經占卜法解釋實際問題的人須要先研究五行易、九星術等的理論對于五行相生相尅之理、五親世應身八宮六神體用旺衰空亡等、須要記得十分純熟以便應用；倘若只依據易經的理論便難爲滿意的判斷。

一、占卜事情決定中心之爻之法　　占卜某種事情、得着一個卦之後、須要依據占卜事情和人物決定中心之爻這種事情在占卜的判斷方面是非常重要的習易經占卜的人把中心之爻叫做「用神」作爲一個卦裏的主體。這個用神的規則如左：

▽父母爻　　占卜父母翁姑等尊親的時候、把父母爻作爲用神其餘文

書、飲食以及日用生活必需的物品也是把這個爻作爲用神。因爲父母爻是生我的，所以在這個時候把它作爲用神。

▽子孫爻　占卜子孫等卑親的時候，把子孫爻作爲用神。占卜醫藥的時候，也是把這個爻作爲用神。

▽妻財爻　占卜婦女的時候，把妻財爻作爲用神。占卜奴婢財產等的時候，也是把這個爻作爲用神。

▽官鬼爻　占卜夫君、長官、疾病、盜賊、訴訟、審判廳等事，把官鬼爻作爲用神。

▽兄弟爻　占卜兄弟、朋友、伯叔父等，全是把兄弟爻作爲用神。

一決定過去現在未來之法　占筮得卦之後又要決定過去現在、未來

的事情。它的方法有幾種現在列舉如左：

一、以本卦爲過去之卦爲現在，

一、以本卦爲過去之卦爲現在。

一、以本卦爲現在之卦爲將來。

一、以本卦爲現在之卦爲將來。

一、以本卦爲過去之卦之卦爲將來。

一、以本卦及之卦爲將來。

一、以本卦及之卦爲將來。

一、以本卦及之卦爲過去。

一、以本卦及之卦爲現在。

一、以本卦爲過去，之卦爲現在。

一、以本卦爲現在，互卦爲占事中間之時，變卦爲占事以後之時。

一、以內卦爲現在外卦爲將來。

一、以順卦（從上方數到下方之卦）爲過去，逆卦（從下方數到上

方之卦）爲將來。

一、應用生卦諸法,使用以本卦爲中心,而表示過去與將來的生卦範圍圖;使用此圖的時候,以本卦爲現在,右爲過去,左爲將來。

一、區別自己與他人之法　區別自己和他人的方法也有幾種如左:

一、把內卦作爲自己外卦作爲他人。

一、把內卦的第二爻作爲自己,外卦的第五爻作爲他人。

一、把主卦之主或是成卦之主作爲自己爻把應此之應爻,作爲他人。

一、把主卦之主作爲自己,把應此之應爻作爲他人。

一、把初爻作爲自己,把對此之第四爻作爲他人。

一、把世爻作爲自己,把應此之應爻作爲他人。

一、用八卦而知月之法　不用之卦只用本卦的時候,是把每一爻作爲

兩個月；把初爻作爲正月和二月，把第二爻作爲三月和四月，把第三爻作爲

五月和六月，把第四爻作爲七月和八月，把第五爻作爲九月和十月，把第六

爻作爲十一月和十二月。又在併用本卦和之卦的時候，是把每一爻作爲一

個月。還有一種方法，是把本卦和之卦的各爻裏面分配一月到十二月。

一、用八卦決定方位之法　　依據文王八卦圖，或是伏羲八卦圖，便可決

定方位。文王八卦圖如左：

（北）坎

乾　　艮

（西）兌　　　　　　震（東）

　　巽

離（南）

文王八卦圖

一、用八卦決定時刻之法　用八卦決定時刻的方法如左：

乾　夜　　八時——十二時　　巽　朝　八時——十二時

兌　午後　六時——八時　　　坎　夜　十二時——二時

離　晝　十二時——二時　　　艮　夜　二時——六時

震　朝　六時——八時　　　　坤　晝　二時——六時

一、用八卦決定數目之法　其法如左：

乾　四、九　兌　四、九　離　七、二　震　三、八

巽　三、八　坎　一、六　艮　五、十　坤　五、十

一、用八卦決定顏色之法　其法如左：

乾　白　兌　白　離　赤　震　青

巽青　坎黑　艮黃　坤黃

一、用八卦定人姓名之法　其法如左：

乾　姓名中間，有金的文字，或是有「坑肯孔枯」等聲音的人。

兌　姓名中間，有金的文字，或是有「桑生松蘇」等聲音的人。

離　姓名中間，有火的文字，或是有「杭亨烘胡」等聲音的人。

震　姓名中間，有山或草木等文字，或是有「矗能濃奴」「陽應融尤」等聲音的人。

巽　姓名中間，有草、木、山等文字，或是有「矗能濃奴」「陽應融尤」等聲音的人。

坎　姓名中間，有水字或水傍之字，或是有「忙門蒙摩」等聲音的人。

艮　姓名中間，有土的文字，或是有「益恩翁烏」等聲音的人。

坤　姓名中間，有土的文字或是有「湯吞通圖」等聲音的人。

一、知各爻之月之法　判斷六十四卦裏各爻之月的方法如左：

△世爻是陽爻的時候，把初爻作爲十一月，向上數到世爻爲止。

五世三月　上世四月

初世十一月　二世十二月　三世正月　四世二月

△世爻是陰爻的時候，把初爻作爲五月，向上數到世爻爲止。

五世三月　上世四月　遊魂二月　歸魂正月

初世五月二世六月三世七月四世八月五世九月上世十月遊魂八

月，歸魂七月。

正月爲寅月，二月爲卯月，三月爲辰月，四月爲巳月，五月爲午月，六月

為未月，七月為申月，八月為酉月，九月為戌月，十月為亥月，十一月為子月，十二月為丑月。

一、判斷流年運氣之法　假定在占筮的時候，得着風雷益卦。二爻有變化。那末，未變爻之後得着變卦（即之卦）風澤中孚。把這個變卦作為正月之卦；把已經變過的二爻作為正月；改變三爻（陰變為陽陽變為陰）作為二月；改變四爻作為三月，改變五爻作為四月，改變上爻作為五月；改變初爻作為六月，其餘七月八月是變過的上爻，九月是變過的四爻十月是變過的三爻，八月是變過的二爻，十一月是變過的上爻，十二月是變過的初爻。把一年中間的十二個月，分配在各爻上之後，再觀察某月吉某月凶某月是應當注意之月。

照着這樣，便可判斷一年中間各月的運氣。

一、判斷事物吉凶之法　占卜事物的吉凶，有種種判斷的方法。最普通的方法是依據本卦和之卦中間，體用相生相尅之理，而加以判斷之法。其次，是依據上卦下卦五行相生相尅之理，而加以判斷之法。又其次，是依據五觀卦的相生相尅之理，而加以判斷之法。現在把依據體用相生相尅之理，而爲判斷的方法記述如左：

△體用和者吉本卦之卦體用均和者大吉。

△用生體者吉本卦之卦均爲從用生體者大吉。

△用尅體者吉本卦之卦均爲用尅體者大吉。

△體生用者半吉此名泄氣又名漏氣。

△體尅用者半吉半凶。

◆事上欲進，固執不從▽　△勇進而求他人。

◆少不欲進者▽　△勇進而容納他人之言。

◆事宜暢通之類▽　△背彼而言他事。

◆事宜即圖勇進▽　△不能決斷。

◆事遲疑而不果▽　△使彼為難，而不容納彼人之言。

◆事宜即圖勇進▽　△因言語困難，而拒絕外界之誘惑。

◆事遲疑而不果▽　△以慈順而墨守舊法。

▽事不宜速▽　△既不求人，又不從人。

▽可進而不能進▽　△不得要領。

▽不欲進者▽　△勉強從彼之言。

一、運氣及身體之判斷法　占人一生吉凶的時候以體卦為其人以用卦為人事之應從體生用則為萬事漸失之非從用生體則為進而有益體剋用則諸事吉用剋體則諸事凶體用比和則諸事順利。

○乾卦生體則公門之中，可以掌權或是功名成就升官位得財寶訴訟

勝，有富貴之喜占老人之事者可得尊長之恩惠。

○坤卦生體則因田地房屋等均吉或在田上得財，或得鄉人及女人之利，或有得米大豆麥粟綠布等之喜。

○震卦生體則有山林之益或在山林上得財，或得東方人之利。或因勤而有喜或買賣木材而獲利。或因遇姓名上有草木字樣（或有草冠木傍等字樣）之人而諸事如意。

○巽卦生體則有山林之利。或在山林中得賊，或在東南方得利，或在草木上得利或畜得水果蔬菜之喜。

○坎卦生體則得水邊人之財，或獲北方之利，或因遇姓名有水字（或水傍文字）之人而謀事如意。或賣魚鹽酒酢醬油油類而獲利。或有得魚、鹽、

酒之喜。

○離卦生體，則獲南方之利，或得姓名有事火字（或火傍文字）之人之財。或有文書之喜為鍛冶之事大吉。

○艮卦生體，則獲東北方之利，或在山林田地上得利或得姓名上有土字（或土傍文字或為有「盎恩翁鳥」「王溫洪無」「陽應融尤」等音之文字）之人之財。

○兌卦生體，則獲西方之利，或有喜悅之事或以飲食送人或因遇姓名有金字（或為金傍文字或為有「桑生松蘇」等音之文字）之人而有喜慶之事或有主客歡樂朋友講習之喜。

○乾卦剋體，則官有削職之患或為一家之憂或失財寶，或損金銀米穀。

或受尊長之責，或蒙貴人之罰。

○坤卦剋體則田地有損或受卑下者之害，或蒙女人之災，或有損失布綿米穀麥粟等之事。

○震卦剋體，則有虛驚，常多恐怖之事。或有使身心不能安靜之事，或在家中見妖火又有凶事。或被姓名有草木文字（或為草冠木傍之字）之人所侵犯，或有關于山林之損失。

○巽卦剋體，則將受姓名有草木文字（或為草冠木傍等文字）之人之害。關于山林和坎塚之事必有憂患與人接洽諸事不可在東南隅又在家居之時，須防女人口舌之禍。

○坎卦剋體則職位頗高之人，將降至卑下之位富貴之人，將變為貧窮，

又有盜賊之憂。或受姓名有水字（或爲水傍文字）者之害，或受水邊水之害，或酒後生災，或受北方人之殃。

〇離卦剋體，則有因文書而受害之事，或有南方之憂或有火災。或受姓名有火字（或爲火傍文字）者之害。

〇艮卦剋體，則進行困難謀事中途有阻。或在山林田地方面受損失，或被姓名有土傍文字之人所欺。或有東北方之禍害。或有坟墓之憂。

〇兌卦剋體，則有西方之損口舌之爭。或受姓名有口傍文字者之侮。或有事物破壞之憂若不逢相生相剋之卦氣，則當用本卦判斷吉凶。

欲知身體上的事情，須要觀察所得之卦的世應。妻財遇世爻而動，則其人無父母世爻之妻財空亡則其人幼離父母爲他人之養子兄弟遇世爻而

無妻財之爻，則其人無妻。妻財遇空亡則有二次娶妻之事。父母之爻遇世爻

而動，無子孫之爻（或有子孫爻而遇空亡）則無子息。官鬼遇世爻而動無

兄弟之爻（或有兄弟爻而遇空亡）則其人無兄弟。

下卦爲巽則爲心術不正之人；下卦爲坎，則爲多智巧之人；下卦爲震，則

爲常有憂愁之人；下卦爲坎則爲心中安泰之人；下卦爲離，則爲聰明正直之

人；下卦爲兌則爲常多喜悅之人又爲言詞佳良之人；下卦爲乾坤，則爲慈善

之人。

一、男女兩性之關係及結婚吉凶之判斷法　此法有數種，其標準之大

要如左：

（一）把內卦的第二爻，作爲自己；把外卦的第五爻，作爲對于自己的男

或女觀察這兩爻，便可決定男女兩性是否和睦遷兩爻不相應，便是男女不和；兩爻相應而三四兩爻裏有陰陽之比爻，夾在二五兩爻中間，便是男女兩性之間有障礙物必須二五兩爻相應三四兩爻裏沒有陰陽比爻方才可以決定男女兩性是和睦的。屯漸睽同人家人既濟等卦的六二之陰全是和九五之陽相應的。

上邊所說的是原則，然而也有例外如下：

小畜的九三之夫和六四之婦大過的九五之夫和六二之婦漸的九三之夫和六四之婦全是比而相應震的上六之婦和九四之夫不相應而為夫婦歸妹的上六和六三困的六三和上六兩爻陰而為夫婦蒙的九二為陽而宴在妻位小畜的上九歸妹的初二四各爻全是陽爻而有女性之象。

吉凶。在五行易方面是依據相生相剋之理，判斷男女兩性的關係，和結婚的吉凶。

（二）判斷男女兩性的關係，又有別法如下：依據九星和五行，判斷兩性的關係，是把求占卜之人的九星分配五行，依據五行相生相剋之理決定它的吉凶。

九星配五行圖

| 水 | 金 | 土 | 火 | 木 |
|---|---|---|---|---|
| 一白 | 七赤 六白 | 八白 五黃 | 二黑 九紫 | 四綠 三碧 |

五行生剋吉凶圖

| 大吉 | 大凶 | 中吉 |
|---|---|---|
| 木與火 | 木與土 | 木與木 |
| 火與土 | 火與水 | 火與火 |
| 土與金 | 土與水 | 土與土 |
| 金與水 | 金與木 | 金與金 |
| 水與木 | 水與火 | 水與水 |

一、男女美醜之判斷法　在男女將要結婚，或是招婿養子的時候若欲借着占卜，判斷美醜，可以使用這種方法。在男子方面以體卦爲男，用卦爲事；在女子方面以體卦爲女用卦的事。體剋用則結婚吉，用剋體則凶，用生體則結婚成體，生用則難成，且有受恥辱之事。體用比和則將來可以成功。又在六十四卦中間占得之卦的相生相剋如下先以世爻爲男，身應爻爲女。世爻和應爻相生則大吉，男女全能長壽；世爻剋應爻，或應爻剋世爻，則事難成就是勉强成就却也不吉。世爻與應爻比和，則大吉。世爻遇財爻，妻必死得遊魂之卦則男女分離。又可以世爻爲媒妁。世爻爲陽爻，則媒人爲男；世爻爲陰爻，則媒人爲女。妻財遇金爻則女子爲美人；妻財遇木爻，則女子甚瘦妻財遇土爻，則女子頗胖妻財爲火爻，則女子之髮爲黃赤色妻財遇火爻，則爲聰明之女。

在本卦六爻中間，若無子孫爻，則成爲夫婦之後，必無子息。男子的美醜，可以依據官鬼爻的五行，加以判斷；判斷的方法，也和上邊所說的相仿。

一、姙娠之判斷法　此法以體卦爲母，用卦爲產生之子女。體用和時節的關係旺者吉衰則凶。體用相剋者凶，體剋用者子死，體剋用而用卦盛者吉衰則凶體剋用而體卦盛者母不死，衰則母必死。

體用比和者，母子均健全用生體者正產，體生用者生子強壯。欲知生出來的是男是女須要觀察卦和爻的陰陽，在體卦用卦互卦變卦中間陽卦陽爻多的是男陰卦陰爻多的是女。陰陽相等的時候，須要觀察在座的人數偶數爲男奇數爲女。

一、住宅吉凶之判斷法　此法以體卦爲主用卦爲家屋體剋用則家屋

吉，用剋體則凶。體生用則有損失，或有盜賊之患。用生體則有利益，或有受恩

惠饋贈之喜。體用比和，則家宅安穩。

家宅的判斷方法是把初爻作為井戶，二爻為灶，三爻為床，四爻為居室，

五爻為人，六爻為屋頂及牆壁。官鬼在四爻，則有災害口舌。世爻在二爻或初

爻則大吉。風火家人、風雷益等卦，全是大吉之卦。世爻在三爻或四爻，則當

守舊。天澤履、雷風恆等卦，全是如此。世爻剋應爻，則大凶。水澤節之卦是也。

世應兩爻相生，則有喜慶。雷地豫之卦是也。騰蛇在木爻，則其家有縊死之人。

玄武在身爻，其家必有溺死者。又可以下卦三爻為宅，上卦三爻為人宅剋人

者，其家無病人。人剋宅者，可以成家立業。下卦旺者房屋多；上卦旺者家中人

多；得遊魂之卦則居處不定遷徙頗忙。

一、可否遷居新宅之判斷法　此法以體卦為主用卦為家。體剋用則守舊吉，用剋體則守舊凶。體生用，則損失名望用生體，則門庭如市體用比和自然安樂下卦旺而上卦為體，則遷徙大凶官鬼爻變則遷居吉。

一、可否買賣之判斷法　此法以體卦為商人用卦為商品體用比和，買賣順利；體剋用，則買賣難成，或成而有損失。用剋體則買賣成，可得利益用生體，則買賣易成體生用，則買賣遲滯。

一、財產得失之判斷法　此法以體卦為主用卦為財。體生用，則貨財難得；縱令獲得亦有損失用生體則貨財可得頗有利益體剋用者必得財寶用剋體者，不能得財體用比和，能得財寶諸事如意。

一、可否希望之判斷法　此法以體卦為懷抱希望之人用卦為希望之

對象物體生用者多勞而少效；用生體者，勞心少而成功。體用比和，則希望竟

全成功體剋用則成就遲用剋體則功難成縱令成功亦有損害。

一旅行吉凶之判斷法　此法以體卦爲旅行之人用卦爲目的地體生

用則旅行有損失用生體則旅行可得意外之財用剋體則旅行凶不可出發

體剋用則可出發萬事如意體用比和，財行止均吉體卦爲巽則乘船旅行吉。

體卦爲兌則途中宜防爭論體卦爲離，則陸行吉。

一待人之判斷法　此法以體卦爲待人之人用卦爲行人。體剋用，則行

人歸遲用剋體，行人不歸用生體，則行人速歸體生用，則行人未歸體用比和，

則行人歸來之時必較預定之期早。

一能否會見他人之判斷法　欲訪問他人，而占卜能否會見，可以使用

判斷法如下：以體卦為行人用卦為欲會見之人體生用，則會見難縱令勉強

會見，亦無益處。用生體，則能會見，且因會見而得益。體用比和，則相見之後彼

此喜悅雙方有益。體剋用，則會見吉。用剋體，則會見難。

一訴訟勝敗之判斷法　此法以體卦為求判斷之人，用卦為訴訟之對

方之人。體用比和者吉有人扶助，可得滿意之結果。體剋用者吉體卦遇四季

旺時者吉用卦遇四季衰時者吉用生體者吉體剋用則勝用剋體則負，且有

被人疑惑之事。用生體則勝而得利頗多。

一行人吉凶之判斷法　此法以世爻為家人應爻為行人。或以上卦為

家人，下卦為行人。飛神伏神相剋則行人不歸比和則行人自然歸來。或以上卦剋

世爻剋應爻行人雖離家而不能遠行。又在上卦三爻之中有變爻則行人遠去而難

尋。

一、盜賊及盜賊所居方位之判斷法　盜賊之判斷法，以失物之卦之觀察法爲準官鬼爲準。官鬼在金爻則盜賊爲西北之人；官鬼在木爻則盜賊爲東方之人。官鬼在二爻則盜賊爲隣家之人，官鬼在初爻則盜賊爲家內之人子孫爻變，則失物可以尋囘。六爻之中無官鬼則物係自己失去而非被人盜去。上卦爲乾，則盜在西北上卦爲坤，則盜在西南上卦爲震則盜賊在東上卦爲坎則盜賊在北上卦爲離，則盜賊在南上卦爲艮，則盜賊隱于東方。

一、失物能否尋得之判斷法　此法以體卦爲失物之人，用卦爲失去之物體剋用時，失物之尋得頗遲用剋體時失物不能尋得。體生用則失物難尋；用生體，則失物容易尋得。體用比和，則失物係忘記放在某處當時雖然不尋，

後日亦可取得。變卦表示失物之所在；變卦為乾卦失物在西北方；變卦為坤

卦失物在西南方；變卦為震卦失物在東方；變卦為坎卦失物在北方；變卦為

離卦失物在南方變卦為艮卦失物在東北隅變卦為兌卦失物在西方變卦

為巽卦失物在東南隅。

一入學試驗是否及格之判斷法　以體卦為求占卜之人用卦為其學

業。體用均旺者吉衰則不吉又可依據五行之理相生者吉相剋者不吉體剋

用則試驗及格可以入學用剋體則試驗落第不能入學體用比和者吉用生

體者凶體生用者吉又在本、互、變三卦之中乾卦多者從西北方之師坤卦多

者從西南方之師震卦多者從東方之師巽卦多者從東南方之師坎卦多者

從北方之師離卦多者從南方之師艮卦多者從東北方之師兌卦多者從西

方之師。

一決定職業之法　決定職業，須考察本、變、互三卦；其中乾卦多者爲官吏政治家宗教家教師。坤卦多者，爲農業牧畜政治家教師震卦多者爲音樂師。巽卦多者，爲僧侶道士坎卦多者，爲醸造家航海家及與水有緣之職業。離卦多者爲天文學家學者軍人及其他與火有緣之職業艮卦多者爲漁業商人及與山有緣之職業兌卦多者爲音樂家俳優藝術家學者。

一知貨物市價高低之法　所得之卦（即變卦）陽爻變爲陰爻，而生成「之卦」（即變卦）則市價降低。本卦之陰爻變爲陽爻而生成「之卦」則市價升高又在五行易方面依據五行相生相剋及體用相生相剋之理，亦可判斷貨物市價之高低。

## △研究易學之參考書

關于易學的參考書很多；但是所有從前易學的參考書，不是訓詁註解的書籍，就是賣卜人的通俗之本；至于用科學的方法說明易學之書却是一本也沒有。研究易學的人若欲在看了本書之後參考關于易學的書籍那末，所記的書可以供學者參考。

一、程頤川　易傳　一、朱子　周易本義　一、清朝康熙年間御纂　周易折中　一、清朝乾隆年間御纂　周易述義　一、黃宗羲　周易象數論

一、惠棟　周易述　一、張惠言　虞氏義　一、李氏　易集解　一、黃道周易象正　一、何楷　周易訂詁　一、宗沉詼　易小傳　一、毛奇齡

仲氏易　一、李郝敬　周易正解

# ○易經之獨自占卜法

## △求卦之方法

### 一、略筮法

（甲）取本卦法　把五十根筮竹，放在兩手心裏搖動之後，取出一根放在筆筒裏；又把其餘的四十九根，無心的分成兩份。把兩份裏的任意一份，每八根二數依據數剩的筮竹之數，便可得着下卦。

剩一根爲乾☰　剩兩根爲兌☱　剩三根爲離☲　剩四根爲震☳

剩五根爲巽☴　剩六根爲坎☵　剩七根爲艮☶　剩八根爲坤☷

再照着上邊的方法，數筮竹之數所得的卦，便是上卦。把上下兩卦重在

一處，便得重卦。依據這個重卦，便可判斷現在的事情。

（乙）取變卦（卽之卦）法　把五十根筮竹放在兩手心裏搖動之後，取出一根放在筆筒裏把四十九根筮竹無心的分成兩份。把任意的一份每六根一數依據剩餘的筮竹之數便可決定某爻變化。例如：剩餘筮竹一根，便是最下的初爻變化；剩餘二根，便是第二爻變化；剩餘三根，便是第三爻變化；剩餘四根，便是第四爻變化；剩餘五根，便是第五爻變化；剩餘六根，便是上爻變化；本來是陽爻，要變爲陰爻，本來是陰爻，要變爲陽爻。某爻變化之後便可得着變卦。依據這個變卦，便可判斷未來之事。

二、擲錢占卜法　取銅元（或小銀元）六枚，放在兩手心裏搖動之後依次排列在桌上，觀察它的面和背把錢面當作陽錢背當作陰依着六個錢的

面陽背陰，便可得着本卦。其次，閉着眼睛用手無心的指定排好的六個銅元之一；再張開眼睛，看是第幾個銅元被手指着便可決定第幾爻變化着得變卦（卽之卦）例如：本卦是天火同人䷌被手指定的是最上的一個銅元；那末，變卦是澤火革䷰。

## 六十四卦一覽表

| | | |
|---|---|---|
| 乾為天（第一九七頁） | 地水師（第二一五頁） | 天火同人（第二三三頁） |
| 坤為地（第二〇〇頁） | 水地比（第二一七頁） | 火天大有（第二三六頁） |
| 水雷屯（第二〇三頁） | 風天小畜（第二二〇頁） | 地山謙（第二三九頁） |
| 山水蒙（第二〇六頁） | 天澤履（第二二三頁） | 雷地豫（第二四二頁） |
| 水天需（第二〇九頁） | 地天泰（第二二六頁） | 澤雷隨（第二四五頁） |
| 天水訟（第二一二頁） | 天地否（第二二九頁） | 山風蠱（第二四七頁） |

| | | | |
|---|---|---|---|
| 火山旅（第三五一頁） | 巽爲風（第三五四頁） | 兌爲澤（第三五七頁） | 風水渙（第三六○頁） |
| 水澤節（第三六三頁） | 風澤中孚（第三六六頁） | 雷山小過（第三六九頁） | 水火既濟（第三七二頁） |
| 火水未濟（第三七六頁） | 風雷益（第三八○頁） | | |

易經占卜靈書

乾爲天

乾上　土　—世　金
乾下　火　　　木　水

父母　—世　金
兄弟　—身　火
官鬼　——　土
父母　—應　木
妻財　——　水
子孫　——

四月卦　春吉　夏凶　秋平　冬吉

乾爲天（全卦之解）此卦六爻均連純陽圓滿重三連之乾爲六十四卦之首天之運行，剛健不息。在道爲天道，在德爲聖德，在事爲大事爲動作，在人爲大人，爲君父爲尊貴乾爲六十四卦之首，元亨利貞爲六十四卦所通用；六十四卦之元亨利貞皆爲乾之道悔吝凶咎者失其爲乾之道也女子得

此卦，則有過于剛直之嫌應注意之。文王于彖辭中，亦謂：「元亨利貞，爲乾之四德。」第一德爲元元者善也亦即善之道也；亨爲心無障碍而順遂貞爲守中正而心不變利者艮也即亦萬事皆艮也此卦天子行政以仁以善以中正，而有天行之健。此卦居最高之位必須注意。

（各爻之解）此卦，通觀六爻則初爻雖有爲龍之才，然而未逢其時，進而不能成事。二爻已達可進之時，應九五之大人；各以陽德相應，非陰陽相親也。

三爻更近上位而在下，居上下之際頗有思慮之勞。至四爻則五爻之盛運將來雖能察上下之情審進退之機，將待時而動然而尙未決定。至五爻則氣運大盛百事可成正在乘機得位之時。上爻則乾之氣運既已過去宜速退而勉爲无悔之事。九二有見大人之艮機者由于初九有確乎不拔之志操；九三之

无咎者由于九二之謹慎不伐；九四之无咎者，由于九三之乾惕若；九五之利見大人者由于九四之能疑善審。是故積功累行在于人，成德達材在于天，讀易者不可不知也。

（占）天時大旱至秋而雨，又有晝晴夜雨之象。○家宅不安，移居去國之類不利。○身體勤勉不息，進德修業則吉○婚姻吉女子美而端正，惟須防媒妁從中作梗○訴訟可以和解。○盜賊難尋，或隱于山林。○失物可得宜往西南方或木石之間覓之。○尋人宜往西方，經八九日則歸。○出門獨行不利，宜與人同行。○待人遲到過十日可來。○交易賣物得利。○疾病精氣虛耗，或為氣逆成為浮腫重病則死。○希望急難成就，進有悔退無災，然而進退遲滯則失時。○女子得此卦則有過于剛強之嫌，宜慎之。

易經占卜靈書

變卦

初爻變　占病者凶官事初凶而後吉求財得，婚姻吉。

二爻變　求財可得，訴訟與病凶其餘諸事皆吉。

三爻變　與人共事可和而成占病則死，有兄弟則福來；求財可得。

四爻變　婚姻吉災患消滅失物可以覓得謀事可以成就。

五爻變　萬事如意旅行，出門皆大吉。

六爻變　失物難尋官事吉求財可得婚姻大吉。

坤爲地

坤上　金
坤下　木　火　土

子孫　⚋　世
妻財　⚋
兄弟　⚋　身
官鬼　⚋　應
父母　⚋
兄弟　⚋

十月卦

春吉　夏凶　秋平　冬凶

坤爲地（全卦之解）此卦三偶六斷重純陰虛閃之卦，上下皆坤；地

之厚重載萬物，仰承乾天之施，有化成萬物之象。且爲乾之對而萬物之氣始
于天，萬物之形生于地。其爲義也；在人爲女爲妻、爲母爲臣、爲卑。在物爲雌，在
事爲靜，在時爲秋、爲冬其爲道也。可爲人用，而不可自用。故得此卦者爲大人
君子，則當知氣運在坤之事、法坤道之柔順，則當從人而處事。夫臣之事君、君母
之養子、妻之隨夫皆法坤道之至順。象辭言：元亨利、牝馬之貞。坤之元亨即乾
之元亨猶如月之得日光馬性柔順，能服于人牝馬尤爲柔順，取象于此。

（各爻之解）此卦通觀六爻，則初爻陰微動，小人僅志于營利不顧災害，
有陷于患難之象，故有履霜堅冰至之戒，此爲惡事次第增長之喻。二爻得坤
之純粹故卦中此爻最純粹惟僅云有利而已乾之九五得天之位，與行天道
而致太平之占逈別。三爻爲不中不正而賞罰不明之時。四爻居上下之際爲

以不中而君士緘默辟禍之時。五爻中而不正，失尊卑之序上六羣陰交戰，有

以血洗血之象。要之坤爲純陰之卦，故六爻概言小人，與乾之君子相對曰利

于永貞者示愼終之事也。

（占）天時雨辰巳之日可晴。〇占家宅，地勢吉。〇身上有漸漸通達之意。

對于他人頗勞苦。〇婚姻吉不可急。〇出產安生男子，但上爻變時母凶〇仕

官有聲名顯達之兆。〇訴訟有土地之爭〇歸于敗訴，利于和睦。〇盜賊行至

西北可捕獲。〇失物難尋或可在西北方覓得。〇出門向西方行吉不利東北。

〇待人不來應有音信。〇買賣吉。〇疾病重。〇求事不可急急則反損財。〇願

望成就然有阻礙成就頗遲。

變卦

初爻變　貞正則終得志。

二爻變　住處移動，心中有憤怒之意，謹則吉。

三爻變　謀事宜久待，終必成急則凶。

四爻變　信心深則得時，不信則凶。

五爻變　向北方行，或遇未申之人，則有利，諸事吉。

六爻變　不正則次第痛苦，宜慎萬事以正直為旨信仰不怠。

水雷屯
震下　坎上
兄弟　水
官鬼　土　應　金
父母　土　身
官鬼　木　世　水
子孫　兄弟

六月卦　春吉
夏凶
秋吉
冬平

水雷屯（全卦之解）此卦為易中四難卦之一；以擬人倫則坎之中男在上震之長男在下有以長男而從中男之象；下卦之震雷雖欲奮發而出

地；然而上卦之坎水止之而不得進。故得此卦者欲進而不能進，欲往而不能往，百事困難，恰似陷于水中而不得自由。然而氣運變遷，故困極必亨，猶冬去春來凍冰自解雷氣發生，萬物萌動，蟄蟲皆蘇，屯變為解，則屯難解散，氣運一新。得此卦者，不可急遽圖功，惟宜固守，待氣運之轉。此卦承乾坤之後為創業之始，困難之時則能耐辛苦勉強不已則自脫困難大可亨通；而元亨利貞之字，則括全卦之終始。

（各爻之解）此卦通觀六爻，雖有為諸侯之才力，然而不可當屯難之時而妄進居貞正之位遇險而能守。六二為九五之君，與陰陽相應初九之陽不能趨于九五之側。猶如有貞操之婦人，拒絕強暴者經十年之久，始歸于正當之夫。六三為敏于利之小人，欲乘此混亂獨博其功。六四以應初九、比九五，而

有所忌憚；九五不能成事，久在困難之地；然終歸于正應之初九而得吉。九五雖中正而有德位，然介于二陰之間不能施雷雨之恩澤。上六居屯難之終，無能爲之事。蓋三與上爲無應之屯，二與四爲有應之屯。六爻均有難，則謹愼自重，可以經過此種氣運。

（占）天陰又有雷雨之兆。○占家宅，修理吉，宜修理東北方。○身上有福德，宜待時而動。○婚姻不合，急難成就。○生產難然可生男子。○仕宦難成。○求人者須再三求，然後可成。○訴訟宜防女人之害，久而和睦。○盜賊宜往西北方尋之可見。○失物在草木茂盛之處，過三日則不能覓得。○出門往西北方有利。○待人來遲尋人急尋則得雖不遇亦可知其居處。○買賣難成。○疾病爲疝癩溜飲等又有胸膈痞塞之意重症也三爻變則危。○希望急難成就，

不可守分妄動。

變卦

初爻變　待人不歸訟凶失物無諸事不吉。

二爻變　謀事不成求財一半婚姻成。

三爻變　求財有謀事吉婚姻成。

四爻變　病愈訴訟凶餘事吉。

五爻變　求財得婚姻不成。

六爻變　病重謀事先難後成。

山水蒙　艮上　木　　　　　　　　八月卦
　　　　坎下　水　　　　　　　　　　　春凶
　　　父母　▬▬　木　　　　　　　　　　夏平
　　　官鬼　▬ ▬　水　身　　　　　　秋不利
　　　子孫　▬ ▬　土　世　　　　　　冬口舌
　　　兄弟　▬ ▬　火
　　　子孫　▬▬　土
　　　父母　▬ ▬　木　應

≡≡ 山水蒙（全卦之解）此卦艮山在上，坎溪在下而覆山，霧下而藏溪；坎之泉由艮山出泉之由山出也，源雖一而末流則分爲百千而不可知其所到之處艮山阻于上而坎水險于下險阻之地東西難辨皆蒙之象也。故名曰蒙。以此擬人倫則小男在下中男在上如童蒙之智識未開昧而不明；故人得此卦則智識猶如童蒙不辨是非邪正而迷方向象辭曰「蒙亨」言蒙雖非亨然而蒙昧者能順賢師良友之教啓其聰明而亨通，則自己虛心選親戚朋友之有思慮者任之亦可得其補助。屯蒙二卦皆爲鴻荒之世人民復居而無教爭奪而謀生知有己事而不知有人事故屯吉蒙者師也故能導蒙昧之民而使之趨于善；此卦陽爻爲師，陰爻爲弟子。

（各爻之解）通觀六爻則初六與上九爲治蒙之終始；九二當啓發象蒙

之任。六五爲童蒙之主六三爲女子之蒙。六四爲困于蒙之下愚故初六爲蒙昧之民，而不知受教之事，不勤民業而陷于困難受相當之懲罰。九二爲師而善容衆蒙得訓導之宜。六三爲奸邪而不從教導六四頑固傲慢不聽師之教，自陷于困苦。六五天性純正克順師傅之教逐有通達之知識上九不以道德施教，而用刑驅之。

（占）天時雨。〇家宅近山有水利吉。〇身上多勞苦。〇婚姻難成。〇生產安。〇仕宦進而被用者吉〇求人始不成後可以人之周旋而成。〇訴訟可長，因他人之事而起。〇盜賊難捕。〇失物在茅屋或園林坟墓等之中。〇尋人居處不定難尋。〇出門凶損財。〇待人遲來，停滯于途中。〇買賣遲成。〇疾病腰下攣急心氣虛耗又有水瀉之意急難治。〇希望始不成，後可成。

變卦

初爻變　妄動則財散，有口舌。

二爻變　不正不實，則大有災害慎之。

三爻變　事物有散亂之象宜深慎之。

四爻變　守舊而貞正則得親人之助。

五爻變　雖有住處不良之患，然而動則不利，止則吉。

六爻變　與姓名有目字（或爲目傍文字）之人爭則大凶宜深慎之。

水天需
乾下
坎上　水　土　金　土　木　水
　　　　　　　　　　　　　　　　　八月卦　春自如
　　　　　　　　　　　　　　　　　　　　　夏口舌
　　　妻財　兄弟　子孫　兄弟　官鬼　妻財　　秋平
　　　　　　　　　世　身　　　應　　　　　冬半吉

▦▦▦水天需（全卦之解）此卦坎雲在天上雲升天而未雨，雨則生百穀

草木育禽獸魚鼈，故萬物皆需雨澤；又以乾之銳進，而遇坎水之險，故不易涉，

而需水之退。乾爲老父在內坎爲中男在外老父倚閭而待子歸，皆需之義也；

需之象不一而飲食最爲急需之物外卦以坎爲飲食而五爻有兌曰故五爻

之辭曰「需酒食」大象有「君子飲食宴樂」之言。蓋萬物必需雨澤而得

生人亦需飲食以養生也；此卦前有坎水之險，故不易妄進則遇難需危險

既去，然後可進速進則有悔宜緩進以圖功。

（各爻之解）此卦通觀六爻則初九順于二陽之後，進則遇險，事亦難成，

故未敢輕進；九二爲三陽之主本可進行然而坎險在前，故進則有咎宜從容

待時；九三爲重剛而不中獨進而涉險則遇災惟能敬愼尚可不敗。六四在九

五之下，雖盡忠誠然乏匡濟之才下有三陽不免被疑受傷僅以身免。九五之

剛健中正，待天命之至，盡需之道也，故曰吉。上六當爻之終，險陷已極，復無可
需之所；雖有意外之事，然敬之則得吉而免害。世人往往輕躁而不待時機，任
己之剛健而直進，有陷于禍患之事；此卦宜戒妄動，剛健而不陷于險，故其義
不困窮。

（占）天時雨。久不止，五七日後晴。○家宅難安居。○身上吉事未至強進
則遇災。○婚姻難成，初爻或六四之爻變則成。○產女，臨產無礙。○仕宦勞力
費財而不成。○求人有利。○盜賊居北方熟人之家可捕得。○尋人居近處不
久可相遇。○出行吉遇貴人有喜事。○待人不來，來亦遲。○買賣有口舌不成。
○疾病頭痛翻胃或爲酒毒。○希望急難成就。

變卦

初爻變　諸事宜謹慎恐有大災。

二爻變　貞正則後有喜慶。

三爻變　恐有爭論或女人之患宜謹慎。

四爻變　靜則吉性急則大凶。

五爻變　情深之人必有榮顯半吉。

六爻變　有疾病或物體不足凶。

天水訟　乾上
　　　　坎下

子孫　━━━━　土　　金
　　　━━━━　　　火　世
妻財　━━━━　　　火
兄弟　━━━━　　　土　應
兄弟　━━━━
子孫　━━　━━　木
父母

二月卦
春凶
夏平
秋吉
冬凶

三三天水訟（全卦之解）此卦乾天在上坎水在下，天升水降，天水乖違，

即生情背意悖之象；上乾剛而下坎險，上過嚴而下無恩，下不堪艱苦而訟上，

皆訟之象也，故名曰訟。人得此卦，則身心不安，或與親戚朋友爭論，又有與他人爭訟之事，務須避爭，力求和平蓋人我本爲一體休戚相關惟自他之見解相異，遂起黨爭之心，不論爲何事，其初則以契約爲密，應防他日之患。

（各爻之解）通觀六爻，則初爻柔弱而居下，永不爲訟，故少爭論，終得吉。

二爻剛健而將與訟然，與五爻相應不可以卑而訟尊，止訟而退，故無咎，三爻以柔從剛，能安分守貞居危知懼，故初與三皆終吉，四與初對訟，初爻訴訟不久，四爻斂欲訟之心，守安貞之道，故吉。五爻明君當位以中正之道而斷訟吉莫大于此矣，上爻爲訟之終不當其位縱令訟勝，亦以私曲而論奸，故其曲直與僞固不待辯而明。

（占）天時雖雨然不出三日可晴。○家宅不安，雖欲遷居，然因障礙難成。

○身上不安諸事憂患多。○婚姻凶有口舌貴人為媒妁則可成。○生產可得男。○仕宦急難成。○求人為他人則成。○訴訟宜止。○盜賊隱于西方有告者則可捕之。○失物近求可得。○尋人有口舌不尋為妙。○出門不利宜防同行者之口舌。○待人不來。○買賣可成惟成後不久即破。○疾病難治有心腹疾痛。○希望大抵難成。

## 變卦

初爻變　　婦人之事有損失，或有驚痛。

二爻變　　不貞明堅固則大有憂苦災害。

三爻變　　住處不安有辛苦勞動之事。

四爻變　　守舊則後有吉事。

五爻變　靜以待時，可得親人之助。

六爻變　不論何事均須順人之意見始吉

地水師　坤上
　　　　坎下

七月卦 春平 夏凶 秋凶 冬吉

父母 ▅▅ 應　　　金
　　 ▅▅　　　　水
兄弟 ▅▅　　　　土　火
官鬼 ▅▅　　　　　土　木
妻財 ▅▅ 世　　　土
官鬼 ▅▅ 身　　　木
子孫

䷆地水師（全卦之解）此卦水在地中，無窮盡之象，故爲兵衆之義；又

以九二一陽而統衆陰，則爲將帥之象，故名曰師。初爻柔而不得正位，故爲

起難之主；二爻在險難之中，衆亂難平爲一卦之主。故得此卦者，在下而犯上，

自伐而侮人，或因我之私慾，而使人痛苦爲不和順之時。惟爲忠臣孝子吉常

人則不吉以之擬人倫，則應在外之中男，反而在內；應居內之老母，反而在外；

母子之位置倒轉而失倫爲家中不和之象，家中之長者，可以貞正之道治之。

（各爻之解）通觀六爻則九二爲元帥，其他之五陰從之六三六四爲偏裨，六五爲臨敵之將士上六爲勝敵而慶賞功勞之時。九二爲將帥，六五爲君主將帥受君命而出征佐君主而有功業。

（占）天時晴。〇家宅人口多有得病之事。〇身上辛苦，夫婦有爭論之意。〇婚姻雖可成然而後來則不吉。〇生產不安然係生女六五之爻動則毋凶，上六動則子凶。〇仕宦得貴人之助則吉〇求人可以成功惟有疑惑之事。〇訴訟貴人吉婦人凶。〇盜賊可捕獲。〇失物難得。〇尋人有阻隔，難遇。〇出門宜獨行。〇行人可來。〇買賣成，可獲利。〇疾病有變症凶。〇希望可成。

初爻變

變卦

訴訟有理病愈謀事成，出行吉，求財吉。

二爻變　求財，謀事吉婚姻吉。

三爻變　與二爻變同。

四爻變　婚姻不成訴訟不和睦求財，謀事均可成，

五爻變　病凶訟勝求財少行人至失物不出婚姻不成。

六爻變　訴訟勝求財吉行人不至婚姻不成。

水地比
坎上　水
坤下

妻財　‑‑　水　　土　　應

兄弟　‑‑　金

子孫　‑‑　木　　身

官鬼　‑‑　土　　世

父母　‑‑　火

兄弟　‑‑　土

七月卦
春病
夏平
秋吉
冬大利

水地比（全卦之解）此卦，以坎水而在坤地之上水能和土土能親水；又以九五之陽而應五陰以五陰而援一陽有一君親萬民萬民輔一君之象，故名曰比比者親也和也得此卦者可獲朋友之助，希望可成；然而水土一

體，輔上人，撫下者均須持心貞正，否則凶。

（各爻之解）此卦通觀六爻則初爻爲遠方之人，二爻爲賢士三爻爲求

仕宦之人四爻爲在位之大臣五爻爲君上爻爲化外之民此等之人雖皆非

王之民然而吉凶不同物情自不能齊易之中一陽五陰之卦凡六其最吉者，

無如此卦蓋九五之一陽居于天位而應上下之五陰也。六十四卦之中地水

師，水地比天火同人，火天大有，澤雷隨山風蠱風山漸雷澤歸妹等八卦名爲

歸魂之卦占人之命數而得此卦則以上爻而爲命盡之時歸魂之卦者第五

爻變而爲八純卦也。

　　（占）天時本雨者晴，本晴者雨。○家宅近貴人之居則吉○身上先難後

吉萬事速則有利遲疑則敗。○婚姻可成。○生產安春得女秋得男但二爻與

二一八

二三○

四爻之變皆女。○仕宦，職務不高，進則吉，不可退。○求人，事可成。○訴訟宜和睦。○盜賊，有二人以上，居東南早尋可捕獲。○失物，在東北雖可尋得若干，然已減少。○尋人居寺院中否則留連于婦人之所。○出門吉宜近處。○待人，有信。○買賣，與人共之則得利。○疾病，胸腹有熱結之症久則難治。○希望成就遲。

## 變卦

初爻變　　公事有理求官半吉求財少行人不歸。

二爻變　　音信有喜求財難得出處有災婚姻難成。

三爻變　　謀事可成官事有理小兒失物且有疾病。

四爻變　　謀事不成得財難物失病愈。

五爻變　官事凶病重失物不出行人卽歸，萬事少利。

六爻變　出行遠則吉謀事可成官事吉。

風天小畜
巽上
乾下

木　火　土　土　木　水
兄弟　子孫　妻財　妻財　弟　父母
應

十一月卦
春病
夏凶
秋口舌
冬吉

䷈風天小畜（全卦之解）此卦，巽風在乾天之上，巽在天上，雖有欲雨之象；然而雲被風吹散，其雨不得，卽以六四之一陰，而畜五陽也；乾之夫，剛強銳進；巽之妻柔順而有止之之象，所謂柔能制剛之道也。以柔止剛，以弱制強，以妻止夫以從制主其道不能大止，而能稍止，故名曰小畜。得此卦者雖有前進之志，然因障礙而不能進強進則有禍。一陰之力，不能久待；至上爻則風變爲雨，陰陽相和，各得其所故宜待此時而處事凡行君子之事，小人擾之大事

將成，小物阻之皆小畜之義也。

（各爻之解）通觀六爻，則六四之一爻虛柔，九五之君有孚，專以優柔而抑制羣陽；初九與六四陰陽相應爲陰所畜以是潛伏于下位，則无咎而得吉；九二以陽而居于下體之中，能與初九牽連而復，亦吉之道也。九三與六四相比剛而不中，陰被止而不得進，脫車之輻而不可行夫妻反目家室不安。六四近于君位以信實而相孚。此能畜君衆陽亦被畜，然以一陰而敵衆陽，故其勢不免攻擊而致傷逃避；九五在君位而任用六四今見六四之去，而憐其誠孚，故有所賜與也至于上九則爲畜之終六四之一陰已退巽風變而成坎雨故爲畜道之成。

（占）天氣降雨，有風則晴，○家宅廣大，有二人同居之象但不可住女子，

應防口舌之禍。○己身有受人妨礙之象。○婚姻可得再嫁之女，一旦破裂，再說可成。○生產得男，秋冬占之則爲女。○仕宦遲成，五月或十月可成。○求事可成後有口舌，依賴女子則吉○訴訟凶受女子之害。○盜賊居東北方，難捕。○失物在東方，宜使女子尋之。○尋人，在野外。○出行不利。○待人不來。○買賣難成損失多。○疾病，小兒吉大人凶○希望急難成就。

變卦

初爻變　　關于印綬書籍等物，應有損失。

二爻變　　宜靜以處事，後則有家慶。

三爻變　　正直則得親人之助。

四爻變　　有破滅之意，諸事皆不可深信。

五爻變　不可妄動宜待時。

六爻變　凡事宜守舊須謹愼。

天澤履　乾上　土　　金　一世
　　　　兌下
　　　　兄弟　一　　　　火
　　　　子孫　一　　　土　身　　木　應
　　　　父母　一　　　　火
　　　　兄弟　一　　
　　　　官鬼　一　　　　應
　　　　父母　　　

三月卦
　　　春凶
　　　夏平
　　　秋凶
　　　冬吉

䷉天澤履（全卦之解）此卦以兌之柔弱，而後有乾之剛強。以剛健而踐柔弱之後則易，以柔弱而履剛健之後則難；就卦面觀之，則六三以一陰之柔弱，而介于五陽剛強之中，有將行而難行之象，其履行也至危。然陰能應陽，柔能利剛。故可免災難，而不致遇害。以是而有「履虎尾，不咥人」之辭。得此卦者，不可輕進須以敬持己以和接人。然而柔能制剛，弱能勝強，雖剛暴難制，然皆可以柔和之道制之。若欲以剛制剛，則必有大過。故此卦貴以和悅應上

也。

（各爻之解）通觀此卦，則高者不若天，低者不如澤；上下尊卑之分，昭然
而明。六三以一陰而介于五陽之間，爲全卦之主；然才弱而志剛，體暗而用明；
不量己力而欲前進，必蹈危險初九在下，素于位而行，不求榮譽，可渡危險之
世爲固有之業可得安樂九二居內卦之中，無名利之念怛然自樂，則不致陷
于危險九四上事威猛之君下接奸佞之輩居危懼之地；小心翼翼終遂其志。
九五居尊位，雄才大略，以剛猛而御下上爻熟練世故，洞悉人情建大業而奏
偉功克享元吉。

（占）天時晴。○家宅不安。○家庭和平，子孫繁盛。○婚姻難成。○生產得
女；秋則得男，子利母不利。○仕宦不成。○求人謀事，先難後成。○訴訟吉。○盜

賊在西方容易捕得。○失物難覓。○尋人難得。○出門利遠行，不利近行。○行人，有信來。○買賣難成。○疾病危希望遲成。

變卦

初爻變　訴訟有理謀事成，求財得出行吉婚姻成。

二爻變　婚姻就，謀事成失物得疾病吉。

三爻變　出行不吉訴訟和睦謀事難成婚姻成就。

四爻變　待人不來，訴訟依賴貴人則吉婚姻不成。

五爻變　訴訟弱婚姻成，謀事求財均有利。

六爻變　求財有利婚姻成。

地天泰

坤上 金　水　水
乾下

子孫 ⚊⚊ 應 ⚊⚊ 土　土　木
　　　　妻財 ⚊⚊ 身
　　　　兄弟 ⚊⚊
　　　　兄弟 ⚊ 世 ⚊
　　　　官鬼 ⚊　妻財

八月卦

春夏秋冬
吉凶凶凶

二三六

地天泰（全卦之解）此卦乾天在下，坤在上，就天地之形體言之，則上下顛倒而不得其義然此卦所取者，非形而為氣，即天氣下降地氣上升，而陰陽二氣相交，有生育萬物之象；又以乾夫而交坤妻，以乾君而和坤臣，家齊國治，有天下安泰之象；內乾健而外坤順，內有剛健之德，外有柔順之行；不與物忤，百事通達，乾之君子居內，坤之小人在外。有國家安泰之象，其名為泰。此卦樂極而哀生，過月之望而有向暗之意，則得此卦者，鑑于陰陽消長之理，不可不十分謹慎。例如下宜有利，上不可貪利，宜省事，不宜多事。易之序卦以乾坤為始，乾之後大約有七十一卦，始得泰；以屯為君，以蒙為師，以需養之，以訟

二三八

理之，以師正之，以比和之，以小畜約之，以履禮之，始成爲泰，故自乾以下，奇數之爻凡三十；自坤以下，偶數之爻亦有三十，始得乾坤相交，開泰之運泰之難如此。泰之後卽爲否，故聖人深戒之。

（各爻之解）此卦通觀六爻，則天地之氣相交，始開造化之功，初九君子得位而舉同氣之賢者共立于朝廷勤勞國事。九二有剛健中正之德而爲濟泰之大臣，所謂尊賢而容衆者，不僅顧慮現在且爲深遠長久之謀而公明正大應六五之君而得信任。九三居陽之極其位不中正，且當盛極將衰之時爲艱貞而固守盡人事以挽回天運，六四以陽居陰逼近尊位，而當上下之交志不自安虛而接下者也。六五爲溫順之君虛己而信任九二，吉而得福者也。上下爲泰之終泰極而變天運循環而爲移于否運之時至此而上下暌隔民情

離散。僅能明其政教而挽回天心；撥亂反正以保泰之終。

（占）天氣，降雨。○家宅，婦女不利。○己身，心中多憂有關于婦人之口舌，

○婚姻雖可成，然而後來難免離婚須注意之。○生產安生貴子。○仕宦得貴

人之援助而可升進。○求人望小得大。○訴訟宜和睦不利受裁判。○盜賊有

三四人隱于東方之水邊難捕。○失物，向左右近處求之可得此係自失非被

人竊去。○尋人可求得五爻變則其人不見可聞音信。○出門不可獨行宜三

人同行。○待人不來。○買賣，賣者利少買者利多。○疾病，長久則凶。○希望急

則不成，久而後成。

　　初爻變　　貞正則家有喜慶之事半吉。

　　　　　　變卦

二爻變　失物，有後悔。

三爻變　宜急起爭之須謹慎，利順則諸事吉。

四爻變　宜守舊安靜謹防失財。

五爻變　居家則不能成事遷徙吉。

六爻變　不可動進則有迷惑凶。

　　　　　天地否　乾上　土　　七月卦
　　　　　　　　　坤下
　　　　　　父母　⚋應　金　　春吉
　　　　　　兄弟　⚊　火　　夏凶
　　　　　　官鬼　⚊身　木　　秋平
　　　　　　妻財　⚋世　火　　冬吉
　　　　　　官鬼　⚋　水
　　　　　　父母　⚋

☷☰天地否（全卦之解）此卦與泰相反；乾天在上坤地在下由天地之
實體觀之，則上下之位置自然得宜；然而天氣不降地精不升陰陽二氣不相
交而萬物悉有否塞之象；乾夫與坤妻不相交乾君與坤臣不和陸有國家不

治，天下無道之象，故名爲否然。而否運過則泰運來，故有始困而後樂之理。人得此卦，則在一家之中父兄過于剛猛，子弟過于愚柔，上下之情不合而百事乖離，家道日替，或罹災禍，或損錢財；在年時則風雨不調，有疾病則胸膈不通，商業方面則貨物難賣，百事如此，雖有能者亦無如之何？君子亦順守其變，而避災害以待時運之至，此卦爲泰之反，而次于泰。蓋人情安樂則生驕惰，驕惰則生凶咎。此自然之勢也，故否次于泰然而人能畏天命，應時而守中庸之道；則假令當否之時，亦可轉而趨于泰。故保泰而期不否，實爲君子之心。任否而不期泰之復，則爲小人之心。否運之來，雖爲天命使然，然而君子不敢委之于天，必盡其道而濟其否，然後可。

（各爻之解）此卦通觀六爻，則下三爻爲否之時，而用小人之事上三爻

二三〇

否運已極，爲趨于泰運之卦。初六雖爲小人並進之時，然亦未嘗求士在下之君子，不忍忘君見可進而進。六二當否之時，君子固應退避然或枉道行權屈身濟世六二爲以此道救否者。六三爲小人本欲害君子蓄而未發本欲感君子之德內省而自覺羞恥；九四當陽來之初爲轉泰之時。君子見泰機之已動，將出而濟否。九五，明君在上從容而休否即爲中興之君上九爲否運已傾，泰運將來之時。

（占）天氣晴。○家宅諸事不足，煩累不絕病痛不絕。○己身目下諸事不利，後則吉宜慎守不可妄動。○婚姻雖成然有障礙宜遲。○生產不安初胎得女再胎得男。○仕宦不利。○求人初難求後則易。○訴訟不利有受寃罪之事，至冬則得利。○盜賊有二人居東方之山林或水邊。○失物向東南方尋之可

得。○尋人，向戌亥之方尋之可見。○出門，遲則有利，急則有口舌。○待人，不來。○買賣買有利賣則不利宜待時而賣。○疾病為痞膈之症，為凶兆。○希望先難後成。

變卦

初爻變　訴訟事凶求財半吉婚姻雖可成，然後則分離謀事遲成，出行吉。

二爻變　希望難成。訴訟依賴他人吉，待人不歸，出入遲餘皆吉。

三爻變　訴訟凶病愈求財有利希望不成。

四爻變　尋人可見求人謀事不成。

五爻變　求財得謀事成，訴訟有理病愈失物難覓，出入半吉

六爻變　訴訟事，我強敵弱，可和合求財難得。

天火同人

乾上　土　金　火　水　土　木

離下　子孫　妻財　兄弟　官鬼　子孫　父母

正月卦

春凶　夏吉　秋凶　冬吉

三三天火同人（全卦之解）此卦乾天與離火合體，天氣上升，火亦炎上，其性相同離日在乾天之下，同照萬國萬國同仰之；五陽一陰，六二之一爻得中正而為內卦之主，應九五之君。全卦之象恰似一女而對五男眾陽和悅而同心合意。故名同人。如此人心和同而為深切之卦，則得此卦者百事必佔便宜可遂其志。夫天下之事以一人成之則難，與人共成之則易而與人之道有公有私，公則道合私則道離以私而同者其道小，以公而同者其道大。此卦為離明為知，以乾為正為健。人能得離之明與知以應乾之正與健而謀事則事

無不利；以此而涉險則險皆可涉；以此而交天下之人，則天下之志，無不通之事。●

（爻之解）此卦通觀六爻，則同人爲同之象。蓋有意求同人，則涉于私。私則不同，同則不言而自同。初九出外而無所私暱，故得無咎。六二雖爲中正；然而未免涉于宗黨之私，故吝。九三剛強而居二五之間強而求同之後，故知懼而不凶也。九四近于五，知其不義而不爲，故吉。九五剛健而應二爻之明當其未通而不堪憤懣然而一旦貫通自覺喜悅也上九遯而居郊外無同求之意，故無悔。

（占）天氣，一日雨，翌日可晴。○家宅有全家利悅之象。○己身目下有升騰之象且得朋友之扶助。○婚姻成，惟年長之婦人有不貞之意不利于夫。○

生產安，產貴子。○仕宦，希望遂。○求人，用二人可成。○訴訟，有同黨之私庇，不久可利睦。○盜賊，早可捕得。○失物在西南，多數爲家人取去，難尋。○尋人，可尋得。○出門吉○買賣成。○疾病寒熱往來，有身體疼痛之症，難治。○希望正事可成惟其成頗遲。

變卦

初爻變　　關于婦人之事，有口舌之爭凡事不可浮躁。

二爻變　　性急慮淺則不能爲尊長治家事徒心勞而無益。

三爻變　　須注意圖書印記之事進則凶退則吉。

四爻變　　進則有過退則困難而有悔。

五爻變　　有離家之事。

六爻變　為利己主義則無恩招損失。

火天大有 離上 火 土 木 水
　　　　 乾下

官鬼　一應　土　金
父母　--　身
兄弟　一　世　木
父母　一　　　水
妻財　子孫

正月卦　春吉
　　　　夏平
　　　　秋凶
　　　　冬吉

火天大有（全卦之解）此卦離日在乾天之上，徧照萬物，庶類蕃昌；在全體方面，六五之一陰當君位，應上下五陽之臣民相率而歸六五之一陰。以寡統衆以柔克剛，此為大有。離之知明合乾之剛健，小而有家，大而有國。以有此象名曰大有故得此卦者滿則虧損貨財關於親戚朋友等將有勞苦之事處于人世尊卑貴賤各從其分應各有其所有。然而求有之道不宜出于至公而不溺于私取之于遠而不拘于近則為順于大有之道。

（各爻之解）此卦通觀六爻，則以五陽而奉一陰一陰具離明之德，據五

爻之天位。為天子富有四海之象。六爻皆貢于上而為義，初爻為民二爻為臣，三爻為諸侯四爻為首輔之大臣，五爻為天子，上爻為天子之師傅。天下百物之利皆天之所生以天之物，而養天之子。此大有之義也。

同人之卦，文明之化下行庶民皆有君子之風，而無乖戾之俗；大有之卦，文明之德備于上，天下咸被聖人之澤，無缺陷之事其德豈不大哉？

（占）天氣，本雨則將晴本晴則將雨○家宅有二人同居之象吉○已身，時運亨通，有福分而健康。○婚姻成，女子貌美而身矮○生產不安又防流產。○仕宦得貴人之助而顯達。○求人，初被疑而不成，後則成。○訴訟得公明之裁斷，初有驚終則吉。○盜賊難捕。○失物可以覓得。○尋人向東南方尋之可得○出外不可急稍緩數日向西方行則有利。○待人來。○買賣可成有破財

之兆，須注意〇疾病有頭痛或眼目之疾，難愈。〇希望難成關于得財或文學等事則可發達。

## 變卦

初爻變　婚姻成就，病亦愈，訴訟不吉，謀事吉，求財難得。

二爻變　婚姻不吉出入有利，謀事成。

三爻變　婚姻成，訴訟雖表面頗惡，然而得貴人之助則吉求財有，諸事吉。

四爻變　婚姻成謀事得，出入吉訴訟勝，失物可以覓得，諸事大吉。

五爻變　諸事半吉大有進步。

六爻變　訴訟始善後惡，其餘均吉。

地山謙　坤上
　　　　艮下

兄弟 ▬▬ 金　身
子孫 ▬　▬ 水　世
父母 ▬　▬ 土
　　　　　金
兄弟 ▬▬ 火　應
官鬼 ▬　▬ 土
父母 ▬　▬

九月卦　春平
　　　　夏吉
　　　　秋吉
　　　　冬吉

▤▤ 地山謙（全卦之解）此卦以艮山而在坤地之下，以山之高而降至低地。內艮止而外坤順，內有篤實之德而止于道，外有柔順之行而能順人。均有謙讓之象義，故 ☷ 為謙。此為先屈而後伸之卦，故得此卦者，雖初多辛勞諸事不如意，然而後則亨通而得吉利宜隨人而節已。君子宜守謙遜退讓之道，其心愈小其德愈光其志愈虛其道愈高。此所以有終也。故有「謙亨君子有終」之言。此卦，通觀六爻則艮在下，坤在上艮止而坤順。能止而不上，所以謙也。夫造化之變，不足則常有益，有餘則常損，君子以不足而留有餘以有餘而待不足謙之道也。此卦以第三爻而居凶地惟謙能待其終而以此卦第五爻

為尊地。下卦三爻皆吉而無凶；上卦三爻皆利而無害。為君而有利，為臣亦有利，居常則吉涉險亦吉平治有利戡亂亦有利。

（各卦之解）初六為篤行之君子，在下位而不求聞達，克全其終。六二柔順中正用謙退之道名聞于遠近。九三以一陽而居眾陰之中，眾陰皆順之有一人得信任萬民歸服之象六四居大臣之位上無所忌謙之善者也。六五以柔中之君，自己之爵位而不取富謙退克讓，天下之人無不歸心者。上六不中而在上卦之極居極謙之地而未得其志，不居其平而鳴蓋以柔處柔柔而未得其志則濟之以剛，故有行師征邑國之辭用上六之師豈得已耶！

（占）天氣，雨。○家宅近于山麓，不利小兒。○己身目下平順，有步步漸高之意。○婚姻可成有女子淫亂之象。○生產安。○仕宦難成。○求人初不成再

易經占卜靈書　　　　　二四〇

求之則成。○訴訟宜和平，不宜紛爭，我有理也。○盜賊，近東南方，可捕得。○失物宜向東南竹林邊尋之。○尋人自歸。○出行有障而無害，三人同行吉。○待人大抵不至雖至亦遲。○買賣物價均平而利益頗多宜久待之。○疾病爲內之症，難治。○希望得人之助久而後成。

變卦

初爻變　　與親人分離，或居室有憂患凶。

二爻變　　貞正則漸有幸福半吉。

三爻變　　事靜則吉對于親人有辛勞。

四爻變　　半途物破或有損失凶。

五爻變　　宜守舊半吉。

六爻變　　隔物而不通,進則凶。

雷地豫　震上　土　　金　　土　　妻財
　　　　坤下　　　　火　　官鬼
雷地豫（全卦之解）此卦震雷在坤地之上,為雷奮于地上之象;蓋

春陽之氣行,則雷奮出蟄蟲皆蘇生,百穀草木生,禽獸蟲魚育融和悅樂,由此

而大。上動下順,君命則民從,上下和順,君臣悅樂,故名曰豫。豫者悅也,樂也,得

此卦者,如春雷之發動,人得機會而可悅。然以震動之劇,在常人則往往居住

不安,有去國之事,蓋五柔一剛之卦,其人必柔多剛少,柔以順為主,剛以動為

主。以此人之動處,皆當法天地之順。不妄動則得永保其安豫;若妄動則必失

其豫。

子孫　　木　　火　　應
兄弟　　子孫　　身　　火　　土
妻財　　世　　五月卦
　　　　　　　　春平
　　　　　　　　夏吉
　　　　　　　　秋吉
　　　　　　　　冬凶

（各爻之解）此卦通觀六爻則其要旨不過動于順三字，豫之時心勞意

足，其樂已極，遂縱情馳欲，流連忘返，亦恆情之所不免聖人憂之，詳于爻辭。初

六悅不勝豫而不鳴其悅，以是凶。六二中正而有獨立之操，不動于外物則得

貞吉。六三不中不正，而羨九四之權勢攀援而欲得豫悅，被鄙棄而有悔。九四，

以一剛而統衆陰爲一卦之主，衆陰皆由之而豫悅六五柔弱之君，受權臣之

制，欲豫樂而不能自由，權雖失然其位則未亡。上六居豫之極，在卦之上，縱情

而不覺其非；至于此時變志而改行，復歸于正道，故得无咎。

（占）天氣晴。○家宅甚破損防有變動。○己身有吉兆○婚姻成，但女有

傷夫之性後將再嫁。○生產不安○夏則得男。○仕宦遲成○求人可成○訴

訟初凶而後小至爲相陸。○盜賊爲女子奔至西方急難捕得○一失物難覓得。

〇出門，不可與體弱者同行。〇待人來，然有障礙，〇買賣，物價騰貴必得大利。

〇疾病難治。〇希望可成。

變卦

初爻變 關于印綬書籍等，將有憂患宜慎之。

二爻變 誠實則漸佳，不實則大凶。

三爻變 將有大損失，宜遷徙。

四爻變 親人方面將有損失，宜靜。

五爻變 貞正則大吉，惟須防女子之災難。

六爻變 大吉不可無理，萬事成就。

澤雷隨
兌上
震下

妻財 ▬▬ 應　土　金
官鬼 ▬▬▬ 身　水
父母 ▬▬▬　　土　木　水
妻財 ▬▬ 世
兄弟 ▬▬　木
父母 ▬▬▬　水

七月卦　春平夏吉秋凶冬吉

䷐澤雷隨（全卦之解）此卦，爲雷在澤中之象；雷激則水隨之而激雷勤則水隨之而勤。又以震之長男而下于兌之少女以長而隨少。其義其道皆以陽而下陰，故名曰隨。得此卦者爲以強隨弱之兆。凡陽剛之人不肯下人故人心常乖離，事業不得成。若能以剛下柔則衆心悅服，其事必成。隨者不專尚己意也。以之推造化則爲震春萬物隨之而生兌者秋也萬物隨之而成。春生之夏長之秋成之冬藏之各隨其時。六十四卦之彖辭中係元亨利貞之辭凡七乾坤屯隨臨无妄革也。隨之義大矣。

（各爻之解）此卦通觀六爻則初九剛正而爲成卦之主，隨六二之陰所

兒廣，所聞多不溺于私廣交而有功。六二以陰居陰，係四爻之陽，失其所係，雖

無凶咎之辭，然而不吉可知；六三陰居陽上，逼近九五，不誠則凶。誠心事君明

機保身之善者也；九五居尊位中正而與人爲善天下從之。上六柔順而居隨

之極天下之臣民，隨順化服之極者也

（占）天氣，大雨而有雷。○家宅，有怪異而可驚。○己身，運氣平常宜暫時

安靜至明年則宜遠行。○婚姻可成。○生產，平安得男，五爻變則母有災。○仕

宦宜待時。○求人謀事可成。○訴訟，有牢獄之災。○盜賊匿東方之田野，或水

邊之家，○失物，係自誤而遺失者，不在遠方，宜向近處求之。○尋人，可以覓得。

○出行，宜隨他人不可獨行。○待人，卽至。○買賣，今難成至來春則有利。○疾

病，飲食難，有頭痛之症難治。○希望，可成。

變卦

初爻變　正直則得援助，大吉。

二爻變　有與親人爭論之事宜慎色情。

三爻變　順人之異見而改身則吉，

四爻變　新事業則凶守舊則吉。

五爻變　關于圖章印綬等物，將有遺失宜注意。

六爻變　不正不實之人大有災害危險。

䷑山風蠱（全卦之解）此卦為山下有風之象，風為流通氣候，往來寒

山風蠱

艮上　巽下

兄弟　━━應　木　水

父母　━━　　　水

妻財　━ ━　身　土　金

官鬼　━━世　　　水

父母　━━　　　土

妻財　━ ━

五月卦　春平夏吉秋不利冬凶

暑，發育萬物者今入山下閉息而不振，則物腐而蟲生。又以巽之長女，下艮之少男。此爲以長女之色情惑少男之象，故名爲蠱。蠱者亂也惑也壞也。故得此卦時，我從巽而彼止于艮意氣不相通，彼我不能合而成事。因循則事必敗。母年老子女宜爲勞苦之事以養親。災難不遠而起于近，有不從外入而從內生之意宜愼之。

（各爻之解）此卦通觀六爻，則初六爲蠱之初，而其弊未深入子承父業敗壞之後以恢復從前之資產爲務。九二以剛中之才應六五，巽順而得中助母以治家。九三過剛不中，欲補父之過，直情經行而傷父之心不免有悔。六四以柔居柔，不能成事不能救蠱因循而終致自誤。六五柔中而居尊位與九二剛中之臣，陰陽相應，藉以匡救舊弊。上九爲成卦之主以剛明之才而居艮止

之極；不比于九五，不應于九三，不關于世之毀譽榮辱其淸風高節足以起頑

俗勵人心雖不治一時之蠱然而可治萬世之蠱。

〔占〕天氣，雨多晴少三爻變則晴。○家宅整理家政方可免盜賊或蠱惑

之災；又爲破損之兆。○己身今有好運來，宜改舊觀爲新事。○婚姻凶恐有男

女私情。○生產有異胎三爻變則子母均凶。○仕宦始不成再求可成。○求人，

難成。○訴訟可以欺人起惑始勝，再貿終則可和。○盜賊在東南可捕得。○失

物可覓得然而其物已壞。○尋人急尋可得宜三人尋之。○出行凶有口舌。○

待人來。○買賣貨物堆積則損壞宜急賣。○疾病重然而易治但須防巫筮呪

咀等患。○希望難遂凡事不可任性。

變卦

初爻變　居處勞心不絕，順人之異見則吉。

二爻變　宜止不宜動。

三爻變　凶。

四爻變　吉。

五爻變　不愼則大有災患。

六爻變　吉。

地澤臨　坤上
　　　　兌下

　　　　　　　　金　子孫　━━　　水　妻財　━ ━　應
　　　　　　　　土　身　　━ ━
　　　　　　　　土　兄弟　━ ━　　木　兄弟　━━
　　　　　　　　火　官鬼　父母　━━

十二月卦
春平
夏凶
秋凶
冬吉

☷☱地澤臨（全卦之解）此卦，在全體方面以二陽而對四陰，以四陰而見二陽，又由二陽而望四陰陰陽相望故名爲臨又在消長方面由坤成復由

復成臨，陰漸退去陽漸進，亦臨之義也。坤之母，與兌之少女相對；母愛少女慕母而有相望之意。此為貴賤相交而相親之卦，故得此卦者凡事以柔和為主，剛強則不利。雖有一時之繁榮，然而又有衰微之意，故當除去驕盈之念，且未寒而備衣，未飢而具食，能見機于先，方无悔于後。天道之循環，雖非人力所能挽回，然而謀事在人，亦不可不豫為之備。

（各爻之解）此卦通觀六爻，則地勢卑而下順，澤水上浸而悅，有水土親近之象；初九九二為澤水由山降下；初九為澤猶未盈，九二為澤水已滿，六三為水已及岸，六四為地與水接，六五為地澤正應。上六為地愈厚澤愈深。蓋初爻得正位而貞吉，九二以剛中之木，與六五柔中之君相應，故吉而無不宜之事；六三位雖不正，然知其非而憂之，亦可无咎。六四位近至尊，柔順而居貴地，

下應初九之剛正而謀國政故得无咎六五柔中而居尊位取天下之善任天

下之事，功業可成上六居臨之極功業已完敦厚而得吉。

（占）天氣降雨久而不止。○家宅近水家事旺盛或與他姓同居。○已身

目下有好運。○婚姻成，但有口舌○生產安春夏得女秋冬得男○仕宦可成。

○求人事難成。○訴訟訴他人則害自己和則有利。○盜賊三四人，在東南山

下，難捕。○失物宜速尋運則難覓○尋人久則可遇。○出行吉○待人來○買

賣得利。○疾病治愈頗運⊙希望可成。

**變卦**

初爻變　家居有不足之處，動則有爭競之事。

二爻變　吉。

三爻變　吉。

四爻變　關于婦人之事有口舌，性急則大凶。

五爻變　有痛心之事宜靜以處理之。

六爻變　諸事均吉。

風地觀
巽上
坤下

　　妻財　━━　木　　火

　　官鬼　━━　土　世

　　父母　━━　木　　火

　　妻財　━ ━　土　身

　　官鬼　━ ━　　　　應

　　父母　━ ━　　　　八月卦

春平
夏凶
秋吉
冬凶

風地觀（全卦之解）此卦，在全體方面以二陽對四陰，以四陰見二陽，以二陽觀四陰。又，巽風在坤地之上，風行地上，可觀萬物之被吹，故名為觀。

又，巽風在坤地之上，風行地上有動搖之義則居住不安離心。

得此卦者雖有被人尊敬之意，然而風行地上有動搖之義則居住不安離心。

身不和穩，有煩雜之事。今雖貧，將來必有富盛之望。正直而愛人勤儉則有利。

（爻爻之解）此卦通觀六爻，則初爻在下，有如童蒙二爻雖與五爻相應；然陰暗而不能觀事物三爻觀六四之勤作而爲進退四爻比五爻之君觀事最親切，爲君之賓客。五爻居尊位化天下之民情風俗而導于善者也。上九居觀之終備剛明之才德雖高而無位然而一動一靜均爲衆人所屬目不知恐懼則无咎。

（占）天氣陰晴不定，但不降雨。○家宅，近神社佛閣等處則吉。○己身，有文才藝能者吉出外有利不利家居。○婚姻雙方爭執難成。○生產安初胎爲女，再胎爲男。○仕宦其志可遂。○求人，依賴高位之人或僧侶，則有利。○訴訟得理，終可和睦。○盜賊在廟宇中，急尋可得。○失物應向西南方尋之。○尋人，應向西方求之。○出行，一人則凶與衆人一同遠行則吉○待人不來。○買賣，

成。○疾病，難治。○希望，急難成就。

初爻變　訴訟事凶求財半吉婚姻雖可成，然而後則不免分離；希望邇
　　　　成出行吉。

變卦

二爻變　希望難成訴訟，依賴他人則吉待人不來諸事均吉。

三爻變　訴訟凶病愈，求財有希望不成。

四爻變　尋人可得希望依賴他人則必成。

五爻變　求財得謀事成，訴訟有理病愈失物難尋出入半吉。

六爻變　訴訟我強敵弱，然而可和合謀事求財難成。

易經占卜靈書

火雷噬嗑　離上　火　土
　　　　　震下

子孫　一　　　火　土
妻財　一一　世　土　金
官鬼　一　　　木　土
妻財　一一　　　木
兄弟　一一　　　水
父母　一

二五六

九月卦
春凶
夏吉
秋吉
冬吉

火雷噬嗑（全卦之解）此卦，全象似頤。初上以二剛而爲兩唇，以二

三五之四陰而爲齒有咬之象；四爻之一剛，梗于其間，如物之在口中初上之

二剛以四爲梗，遂不得上下相合噬消此梗，兩唇乃合。故名爲噬嗑。欲除其害，

則治人宜用刑獄，治己宜常內省。震雷動則致其澤，離火明則察其機。動與明

合，賞罰乃章。得此卦者，有諸事被人阻隔之意噬嗑有通之義，體此象義而處

事則始難而後可成。

（备爻之解）此卦，通觀六爻，則全卦爲雷電震發而示威于天下。此即爲

天地之怒氣；在人事則有用刑之象。故謂大象明罰之法爲勅動則能斷，明則

能察合而施之則刑法明。五爻雖不當其位，然而以柔居剛，為治獄之主用。初

爻與上爻治獄則剛柔合而獄平。六爻各有取義，或以初上兩爻為受刑之人，

以四爻為用刑之人。觀察卦體，則以四爻為受刑之人，其餘五爻為用刑之人。

然而爻辭皆以用獄為主，未嘗有用刑受刑之別。但兩剛不能獨噬，必合諸柔

而共噬。故諸爻各有所噬。噬之中，又分堅與柔。初在下而剛猶微，故刑在足而

上居終，其剛已極，故為刑主。兩爻獨不云噬，此所以為受刑之人乎？六爻用獄，

各有次第，故皆云无咎利艱貞者其凶至極也。

（占）天氣，有雷鳴而降雨。〇家宅，有火災之患憂慮頗多。〇己身，好運發

動，有聲名上達之兆。〇婚姻可成，有口舌。〇生產，秋冬得男春夏得女。〇仕宦，

可成。〇求人宜二人求之始不成後則成。〇訴訟，可得公平之判決。〇盜賊，可

向街市捕得。○失物被人取去宜兩人向東南尋之。○尋人可得。○出行吉。○待人來。○買賣成。○疾病有鬱熱之症發狂之患其兆凶。○希望急難成若有利慾則將受禍。

## 變卦

初爻變　謀事宜待時性急則凶秋則凶。

二爻變　依尊長之言而辦事則吉。

三爻變　婦人有喜事。

四爻變　凶。

五爻變　行為不正則家中有災害。

六爻變　正直之人得貴人之助希望成半吉。

山火賁
艮上
離下

|  |  |  |
|---|---|---|
| 官鬼 | ▬▬ | 木 |
| 妻財 | ▬ ▬ | 水 應 |
| 兄弟 | ▬ ▬ | 土 身 |
| 妻財 | ▬ ▬ | 木 |
| 兄弟 | ▬▬ | 土 木 |
| 官鬼 | ▬▬ | 木 世 |

十一月卦
春平
夏凶
秋吉
冬平

☲☶ 山火賁（全卦之解）此卦離日沒于艮山，離火在艮山下。日沒于山則為夜夜半火舉于山下，則火光映樹木色彩鮮明。故名為賁賁者文也出鮮也。有實而加飾之可增其美此卦之象，為物美而有威居室衣類器具等皆有文飾；然而山下有火則明不及遠；小事雖成大事難成。

（各爻之解）通觀六爻，則初爻位正賁得其正。二爻中正而賁得其時。三爻賁得其吉四爻賁而當位賁而終無咎五爻教本而務實賁而終有喜上爻以黯美返樸而為賁賁而得志也。

（占）天氣降雨○己身有阻礙，不如意之事多宜遷居。○婚姻雖可成，然

而後則分離。○生產不安。○仕宦，久而後成。○求事宜速。○訴訟，初有喜而後

有憂，終可和。○盜賊居東北方之人家，四爻變則尋得難，不然則必可捕得。○

失物，在水道口可以尋得。○尋人，可遇。○出行，有利。○待人來。○買賣成。○疾

病危。○希望急難成。

變卦

初爻變 訴訟凶，婚姻不成，求財不吉謀事成，病凶行人至。

二爻變 訴婚成，謀事成，尋物得病安，訴訟宜和。

三爻變 求財吉訴訟勝，病可愈婚姻成，謀事吉。

四爻變 出行吉求財吉訴訟得利，婚姻成行人至，尋人得，諸事成。

五爻變 求財吉謀事，出行，官事均有理，失物出行人至婚姻成病不安。

六爻變　病愈，出行不吉謀事，求人可成；求財凶婚姻成。

山地剝
艮上　木　水　土　木　火　土
坤下

妻財　子孫　父母　妻財　官鬼　父母
　一　　一　　一　　一　　一　　一
　　　世　　　　　　　應　　身

九月卦
　春吉旺
　夏平
　秋凶
　冬不利

☶☷ 山地剝（全卦之解）此卦艮山夷而附于坤地，有高山落而為平地之象；又在消長方面本由乾來，而為姤為遯為否為觀為剝，今將剝一陽而為坤。此皆以陰消陽以陽削陰之象，故名曰剝。剝者削也盡也落也。蓋命運之通塞家道之盛衰至于富貴貧賤壽夭疾病，皆不外于陰陽之消長故得此卦者，時運不佳己身零落貲財稍稍消亡。然而有枯木生花之意，故去舊從新者吉。

夫陽為君子，陰為小人。五陰將滅一陽，小人道長君子道消則君子宜體坤之順，取艮止之法順而安分不與小人爭功止而待時不與小人爭進消息盈虛，

宜合天之行以待一陽之來復。

（各爻之解）此卦通觀六爻，則陰盛而陽剝；爲九月之卦，蕭殺之氣，有萬物剝落之象。初爻爲禍之始，剝之漸。二爻較凶三爻從正其勢自獨四爻剝而至于膚，有切近之災；五爻居尊位獨能調劑羣情，小人各安其分相率而從陽，進而不至于剝而止。上爻得有碩果之存者，實係依賴此爻。善變者轉禍爲福，不善變者化吉爲凶。故剝始凶而終則不凶。

（占）天氣，降雨。○家宅宜買寄寓之宅，不宜居自己之宅。○己身運氣不佳。外觀雖好，內則空虛。○婚姻凶若成則爲尅夫之女。○生產爲第三胎又不足月而生故有不足之處或爲產時受驚。○仕宦，始雖難而後則成。○求事遠難成近則可成。○訴訟先失財後可和。○盜賊向西南方去得之頗難。○失物，

難尋。○尋人，難得。○出行，宜與人同行。○待人，來。○買賣成；資本厚，有聚集貨物之利。○疾病有必死之意。○希望求財之類雖可十成七八。然而被他人阻碍，頗有反覆必須注意。

変卦

初爻變　訴訟爲對方被侵病可長久尋人可得謀事及婚姻不成。

二爻變　訴訟勝病全愈諸事大吉。

三爻變　求財求利均無訴訟强病及出行不利。

四爻變　訴訟凶病重求財不得。

五爻變　求財吉出行吉訴訟解病可愈諸事均吉。

六爻變　訴訟不勝失物不能覓得病死百事半吉。

地雷復
坤上　木　水　土　土　木　水
震下
子孫　妻財　兄弟　兄弟　官鬼　妻財
十一月卦
春口舌　夏凶　秋吉　冬吉

地雷復（全卦之解）此卦，爲震雷伏藏于地中之象以一陽而在五陰之下，陰極而陽復在消長方面，自剝來者爲坤爲復。以之擬人事，則爲出惡而入善之義雖有人心不善之事，然而平旦之際，未始不萌一念之善所謂復也復于善則善之朋自來，而得无咎。故得此卦者始雖有惡事然而復向于吉。

（各爻之解）此卦，通觀六爻則初九爲人遷善之始。六二爲見人遷善而欲從之。六三雖有屢善屢失之危然而終復于善。六四能捨羣陰而從初九，故樂爲善事。六五柔中而居聖賢之地位上六居卦之終又失其善，終至怙惡不悛。非但爲一身之禍，且爲天下之禍。

（占）天氣，忽雨忽晴。○家宅，爲家內不和之家，至春則可移轉。○己身，好運將來，靜待之則有利。○婚姻成，又有破壞之兆。○生產得男三四爻變則母凶。○仕宦難成。○求事可成。○訴訟可勝。○盜賊，或西或東，居處無定難捕。○失物，宜向東方尋之。○尋人不告他人而自求之，則可得。○出行，北方吉然而行至中途，則宜轉向西南。○待人來。○買賣難成，成亦有爭。○疾病令雖危篤，後可漸愈。○希望可成。

變卦

初爻變　　事宜緩爲性急則凶。

二爻變　　關于女子之事有口舌。

三爻變　　凶，諸事應謹慎。

四爻變　住處有變動或有印綬圖畫等物之損失。

五爻變　動則凶止則吉。

六爻變　諸事盡力為之然後得吉。

天雷无妄
乾上　土　　金　火
震下
　　妻財　官鬼　子孫　妻財　兄弟　父母
　　一　　一　　一　一　土　　水　　水
　　　　　　　　　　　世

二月卦
春吉　夏平
秋凶　冬吉

☳☰天雷无妄（全卦之解）此卦震雷在乾天之下，有雷行于天下之象；動而以天動而合天。此為天道運行之象四時行百物成自然之妙用眞誠无妄故名无妄妄者以無為有，以有為無之事也。蓋人無一點之妄則天人合一，至眞至誠世間如此之人甚多故得此卦者凶多吉少象辭中有「匪正而有眚」之言即教人行動宜合天意也行動合天意則為无妄行動以人意則為

妄。

（各爻之解）此卦，通觀六爻，則初九爲卦之主，均爲善者，故吉。六二隨當然之理，不假造作，故利。六三不中不正，非己之所致，不免天數之災厄。九四剛而無私，守貞而無咎。九五以道自治雖有疾，然不變其所守，終有喜。上九居卦之終无妄之極，不正而行則得禍。蓋初之吉，二之利，皆勉其不動也。上之有眚，戒其動之窮也。

（占）天氣晴，初爻動則雨，二爻動則風。〇家宅旺盛，爲人口繁盛之兆。〇己身時運旺盛但貨財雖多，然而爲妻所尅，難免疾病。〇婚姻可成。〇生產得男得女子則母有災。〇仕宦依賴他人則事成，不可自求。〇求事春夏成，秋冬不成，依賴婦人則有阻隔。〇訴訟凶，宜和睦。〇盜賊匿西南廟宇中，可捕得。〇

失物，可以尋得不可問女子。○尋人，自己尋之則不利。○出行，不必疑慮。○待人來。○買賣久則成可以多得利益。○疾病有先危後安之意男子吉婦女凶。

○希望時未至急難成。

變卦

初爻變　心身不堅固則有凶災。

二爻變　關于親人有憂慮之事。

三爻變　吉。

四爻變　關于印綬圖章書籍等物，將有損失。

五爻變　將有爭論之事宜謹慎。

六爻變　吉。

山天大畜

艮上 ䷙ 水 ─── 官鬼

乾下 水 ─ ─ 水 應

土 ─ ─ 土

土 ─── 木 身 世

木 ─── 官鬼

水 ─── 妻財

十二月卦

春吉 夏凶 秋凶 冬平

山天大畜（全卦之解）此卦，乾在下艮在上，乾者健也艮者止也；以艮之制止，而止乾之銳進，故名為大畜。大畜者止也，又養也。蓋下卦之乾健而將進，因上卦之艮而被畜艮能止乾，又能畜乾。故得此卦者居住不需身心憂苦，且含怒懷恨但待時之至徐徐處事，則其志必達。此卦象有利貞之辭利者和也貞者正也和而且正，為人事之至要。夫大畜之道，全在于正。故象傳曰大正，此大正即為大畜所謂君子正己而正人者此之道也。人能法山之性以畜天之德；則其德充實日進无疆。

（各爻之解）此卦通觀六爻則六爻專言畜止之義；初九雖抱剛健之德，

二六九

二八一

初陽尚微，故能受六四之畜知難而自止。九二，履得其中，有知時之明，其功不可遽成，止而不行也。九三，以陽居陽，志剛而才驅，未免有銳進之鋒，惟艱貞以自處，見可進而進，可以濟世可以保身。六四當大畜之任，居艮之始，能止乾陽之進者也。六五，以柔中而處尊位，為制惡之道，柔能制剛，得吉者也。上九居通顯之地，體至公之道，捨己而從人成大畜之終，為君子之道大行之時，凡人之作事健則太過，止則不及。過則債事，不及則事不成。在大畜之義可以自得。

（占）天氣降雨久而不晴。○家宅，近山有利爲家事隆盛之兆。○己身，時運不佳，二年之後運至福來往無不利。○婚姻凶今雖可成後將分離。○生產，雖得男然而結果凶。○仕宦至三十歲之後可爲國家之用。○求事不宜速宜遲。○訴訟，始喜而繼憂，終則和。○盜賊，在東北方，但爲我之知音四爻動則難

捕。○失物，難尋久則可在東北水邊得之。失物在家內。○尋人，可得四爻動則難尋。○出行，緩行則吉。○待人不來。○買賣，近則三月，遠則三年，可得大利。○疾病兩不便利腹滿之症難治。○希望性急則誤事。

變卦

初爻變　　婚姻成求財出行吉訴訟平謀事成病危。

二爻變　　求財謀事均有利失物可以覓得訴訟有理病愈婚姻不成。

三爻變　　訴訟不利求財謀事後吉姻婚成。

四爻變　　求財謀事吉婚姻不成訴訟有利行人不至。

五爻變　　訴訟無利求財不得謀事不成病凶婚姻凶。

六爻變　　訴訟可勝婚姻不成求財可得病凶行人不至。

二七三

二八四

山雷頤　　八月卦　春凶　夏平　秋吉　冬利

艮上　一　木　兄弟　父母
　　　--　水
　　　--　土　身
震下　--　土　世
　　　--　士　妻財　妻財
　　　一　木　應　兄弟　父母

䷚山雷頤（全卦之解）此卦上艮止而下震動觀卦象則上九一陽之

上腮，有四五二陰之上齒。初九一陽之下腮，有二三二陰之下齒。上腮著頭面

而止，下腮動而食物，此頤口之用也。故名曰頤。頤者養也。養亦不一飲食衣服，

養形者也。威儀禮貌，養德者也。推己而及物，所以養人也。養亦各有所在。內而

養一身，外而養天下要而言之，得其正者吉故曰：「頤者貞吉」。此爲返善遠

惡之卦，故知不善之事，則當速改之；頤口之象，爲謹言語節飲食，動止得其道。

得此卦者，對于言語及飲食，均須謹愼。

（各爻之解）此卦通觀六爻，則上卦三爻，皆所以養人；下卦三爻，皆所以

自養，而養之道則以養人為公以自養為私。以養德為大以養體為小。故初二三皆養口體私而小者也。四五上皆以養德而養人。公而大者也。不論養人與自養皆以得正而吉初爻以陽處下，為動之始動而求自養者也。故凶。六二處下體之下，不應上而反養初九。故凶。六三雖應上爻，然而與頤養之貞相反自詔而媚者也。故亦凶。六四身居上卦以得正而應初九以上養下，得養之宜寡欲而吉者也。六五，陰居陽位比于上九行則失類居則貞吉。上九以陽處上履四陰象陰皆由之而得養，故吉也。蓋全卦皆為養生之道。

（占）天氣陰。○家宅為在山上，有二門之象；此宅有地盤震動之患又當慎防火災。○己身貨財多有聲名騰達之意，但妻緣薄。○婚姻凶有妻尅夫夫尅妻之意。○生產得男，夏秋則為女母有病。○仕宦不遂；然而後來則吉。○求

事，初不成，後可成。○訴訟始大而後小，依賴他人則凶。○盜賊在東北，可捕得。○失物混于他物之中，一時雖不見，然而後來則自出。○尋人不久可以相逢。○待人不來。○買賣守舊吉，為新事則無利。○疾病凶，有不能進食之意四爻變則難治。○希望急則難成。

變卦

初爻變　有障碍而困難，故吉。

二爻變　依賴親人之力則吉，有損失，和順則半吉。

三爻變　半吉。

四爻變　有物阻隔，宜靜。

五爻變　須注意書籍印綬等物。

六爻變　宜貞實守身，必有幸福。

澤風大過
兌上　土　身　金
巽下
妻財　━━　身　金
官鬼　━━━　水　世　金
父母　━━━　水
官鬼　━━━　土
父母　━━　妻財　土　應

二月卦
春吉　夏平　秋凶　冬平

易經占卜靈書

䷛澤風大過（全卦之解）此卦，巽在下，兌在上，四陽積于中，而陽過火；

巽木在兌澤之中，水雖養木然而樹木涵養于澤中故其養過大反而害木又，

兌之少女居上巽之長女居下以少女則過淩以長女則過讓皆爲大過之象，

故名大過。全體爲房屋棟樑之象，故得此卦者身心不安百事不如意又強我

意而行爲大有後悔之時均不可進。

（各爻之解）此卦通觀六爻則剛陽過盛，有不能運動之象，譬如：人之肢

體肥重不能轉運又四陽居中二陰退而聽命下無根底生氣已斷上無附屬，

二七五

枝葉既凋。故爻辭有枯楊之象。蓋六爻之中，陽爻居陰位，陰爻居陽位，陽居陽，陰居陰者也；故爻不同，故義亦各異。初六以陰居陽，其過尙微，亦足助剛，故无咎；九二以陽居陰過而无過也，故亦无咎。九三以陽居陽是過而又過也，四剛在中，如屋之棟剛而自用，終致棟撓故凶；九四亦以陽居陰，過而不過，四與初應，得其所藉故吉；九五以陽居陽過而不復過，與二爻同，至陽五而極，故象傳可久上六以陰居陰，四剛既傾是過之終極也，所謂過而涉以忠救時也，故雖有滅頂之凶，然而无咎。

（占）天氣久陰久雨。○家宅利與他人同居，惟可遊樂。○己身貧窮而與妻不和，或可有兩妻。○婚姻不利；配偶之間，老少不均。○生產得女。○仕宦不利，宜退身隱居。○求事可成。○訴訟，有妨碍。○盜賊，隱于西方，可得。○失物，墜

二七六

于水中，難得。○尋人難得音信可得，尋之則得。○出行吉。○待人，不來。○買賣
難成。○疾病雖重而可治。○希望，難成。

變卦

初爻變　大凶，諸事宜謹慎。

二爻變　靜以待時則吉；有關于女人之患難宜注意。

三爻變　有九死一生之大厄宜有信心。

四爻變　不正之人有火難宜謹慎。

五爻變　謹慎口舌爭論則大吉。

六爻變　關于居室及婦人之事，有大損失。

坎爲水
坎上　水
坎下

兄弟　⚋　世　土
官鬼　⚊　　　金
父母　⚋　　　火
妻財　⚋　應　土
官鬼　⚊　　　木
子孫　⚋　身

十月卦
春吉
夏凶
秋凶
冬吉

䷜坎爲水（全卦之解）此卦爲重坎之卦，亦名坎坎之卦，陷于一陽二陰之間，則必有危險以其相重而進，進險退亦險，有加困于困上之象故得此卦者居住不安，憂患多又有疾病盜賊等，非常之災難；在彖辭中，有「重險」之言，觀此可知其險非一也。然而坎之象上下虛而中實，中實爲孚，孚者以心相格，其心自然亨通，人之初涉險者，往往臨險而却步然而習熟之者則視之如平地，心泰神旺一往直前必可成功。此所以尚坎之習熟也。

（各爻之解）此卦通觀六爻，則同處困難，各有吉凶，初六履險爲始，習而未精，遂陷于深坑中，中外無援應，自不能濟以是凶也；九二剛中求而有得則險

而不險，在險爲亨；六三，兩坎相接，不能出險，是以終無功也；六四，雖抱忠貞之心，然而局量狹隘，自乏救險之才，惟祈鬼神從九五之陽，可以出險，上六居坎之極陷險而入獄者也；失初六之道則尚可宥，失上六之道則不可宥懲之三年，以期其悔惜，故曰：「三歲凶。」

（占）天氣久降雨而不晴。○家宅遷居于江河之邊，又有營造之象。○己身，一家分而爲二，又有去國之患。○婚姻成，有親上加親之象。○生產安得男，產後有虛驚之意。○仕宦，難成。○謀事，後可成。○訴訟吉○盜賊，在近江河之處，又隱于山林。○失物，宜向水邊尋之急尋可得，遲則難見。○尋人，宜向南方水邊尋之。○出行，不宜，有死亡之恐。○待人，遠方之人雖來，近處之人不來。○買賣得利。○疾病危篤難治。○希望有阻隔急則難成。

變卦

初爻變　訴訟勝，求財無，婚姻成病凶。

二爻變　訴訟貞餘均吉。

三爻變　訴訟勝，婚姻成出入吉待人歸，求財吉。

四爻變　求財凶餘半吉。

五爻變　謀事成病重，有災其餘半吉。

六爻變　諸事不吉必須愼重。

離爲火

| 離上 火 |  |  |
| --- | --- | --- |
| 離下 |  | 兄弟 ． |

| 離爲火 |  |  |  |
| --- | --- | --- | --- |
| — 土 | 一世身 |  |  |
| — 金 |  |  | 子孫 |
| — 水 |  |  | 妻財 |
| — 土 | 一應 |  | 官鬼 |
| — 木 |  |  | 子孫 父母 |

四月卦 春凶 夏吉 秋疾病 冬不利

䷝離爲火（金卦之解）此卦，爲重離之卦亦名離卦，離者麗也麗于一

陰二陽火之為物，有氣而無形著物而其形不顯，故離為火有文明之意，又有美麗之意然而有飛鳥罹于羅網之象故得此卦者有得罪遇救之事又有損財之患其人心志不定易移于物不與人親和蓋此卦為中虛之象人心亦為中虛離為火人心亦為火離取明人心亦取其明火無質麗于物而生災心無形有所麗而發神以是麗于慾則為邪故人心之所麗欲得其正也。

（各爻之解）此卦通觀六爻則以初爻為始如火之始燃敬于始故得先咎。二爻如日之正中故云元吉三爻居內卦之終其明將沒如日之正夕哀樂失常故凶九四介于二卦之間火勢炎上將有痛苦故凶六五柔中而居尊位為外卦之主憂盛防危故吉上九居明之終離勢已成天下有不服王化者奉生命征伐之得无咎全卦二五兩偶內外相應得中得正。

（占）天氣降雨不然則久陰。○家宅，有盜賊及火災之恐，一切不安寧。○己身，始不佳，後吉然被妻尅。○婚姻難成，縱成亦凶必有繼妻。○生產難或將生變。○仕宦，進而求之可成。○求事，有阻隔難成。○訴訟，爭動則凶人侵己則己吉，己侵人則己凶。○盜賊，由北方移至南方，用他人之力則可捕得。○失物，速問女子可以覓得遲則不得。○尋人不得。○出行不利西北。○待人不來。○買賣成遲而有利。○疾病，爲熱症男子可治婦人難治。○希望，難成。

變卦

初爻變　　事靜則吉性急則敗。

二爻變　　無信心則悉離或有損失後悔。

三爻變　　事靜則吉。

四爻變　家中有難，宜謹慎。

五爻變　親人方面有婚姻，領義子等事。

六爻變　有病苦散財等事宜謹慎後則吉。

澤山咸
兌上　　土
艮下　　　　　應
　父母 ▬▬ 金
　　　　　　　水
　兄弟 ▬▬ 金
　子孫 ▬▬
　　　　　　世
　兄弟 ▬▬ 身
　　　　　　火
　官鬼 ▬▬ 土
　父母 ▬▬

正月卦

春吉
夏平
秋凶
冬平

䷞澤山咸（全卦之解）此卦，兌澤在上艮山在下，山氣下降澤氣上升，有山澤二氣─感之象；兌之少女在上艮之小男在下，小男感少女少女感小男。男女相感無如小男少女之甚者，故名爲咸咸者感也，又皆也得此卦者，有意外之吉事希望等較他人懇切，可遂其志但有色情之難，然而行至遠國者有往而不返之意此卦在下經之首取象于夫婦之始爲婚姻之道，故象

辭云：「娶女吉」以卦位而言男在女下，故吉兌者悅也艮者止也夫婦之道，

悅而不止則未免流于淫蕩，止而不悅則或至失其觀樂而不淫所以重婦道

之利貞也陰陽相濟剛柔相交咸之卦可云：「德備。」

（各爻之解）此卦通觀六爻則六爻皆應咸和通達元氣渾合，六爻皆以

靜為吉以動為凶；初爻在卦之下其感尚淺其動尚微故不係吉凶二爻為腓；

腓隨足而動則凶不動則吉三爻為股隨人之意而動所執亦賤故云：「往則

吝。」四爻在三陽之中為心之位得貞則吉否則凶五爻為卦主居兌之中在

脊背之內為不動之處感而不感動而不動故无悔上爻居全卦之上發而為

言然而不能以至誠相格徒以美言取悅爲咸通之薄者也故六爻之中所感

各有淺深悔吝吉凶亦各隨其象而著。

（占）天氣，雖雨而早晴。○家宅吉○己身吉，得衆人之助。○婚姻吉○生產得男三四爻動則凶。○仕宦雖成然有一失之憂。○求事成但有口舌○訴訟宜和睦。○盜賊居東北之山下難捕○失物在家內可以尋得。○尋人難得。○出行被人攔阻難行。○待人來。○買賣費力而後成可得大利。○疾病有滯滿或留飲之意寒多熱少大概爲凶兆。○希望可成宜依賴他人。

變卦

初爻變　　貞正則次第有喜慶半吉。

二爻變　　有損失。

三爻變　　和順則諸事吉。

四爻變　　守舊而靜則吉。

六爻變　進則迷惑凶。

五爻變　止退則吉。

雷風恆　震上
　　　　巽下

妻財　▬▬　土　應
官鬼　▬▬　金
子孫　▬　　火　身
官鬼　▬　　金　世
父母　▬　　水
妻財　▬▬　土

正月卦
春吉
夏凶
秋失財
冬平

雷風恆（全卦之解）此卦震雷在上，巽風在下，雷為陽氣之動，風為陰氣之動，二氣運動，則日月運行；日月運行，則四時變化，四時變化，則可長久；震之長男在上，巽之長女在下，夫位于上，妻居于下，夫出外而動，妻居內而齊。夫婦有室子孫生生而人倫之道有長久不已之象，故名曰恆，恆者久也。故得此卦時，諸事可久，速則不宜循序漸進，功成而志遂也；雷為風迅雷飄風，有不能終日之象，故或由其事物有無形消亡之意，激雷怒風之象，有駭懼之意；震

巽為木，故有次第繁榮之意，可隨事而斷；但雷風二物，雖至動至變，然其究極，則雷之發聲其候不爽；風之噓物，各應其時；自古如此，未嘗有失故人體此象，義以應萬變志有定所其道不變，操守彌堅事物因此而不移，此恆道之所以可貴也。

（各爻之解）此卦，通觀六爻，雖為夫婦之恆；然而僅五爻有夫婦，他爻皆無恆，且六爻無吉辭象辭亦無咎；卦體六爻相應，剛柔二氣交相為用剛有剛之道，柔有柔之道享恆而無咎唯其道可久初六當恆之始以始而求終未涉其淺速至其深欲速則不達。徒勞無益反見其凶；九二雖失位故悔亡然為巽之主上六五與陰陽相應以剛中之德而輔柔中之君，悔亡者也九三居巽之極，其位雖正然為巽退為不果其心不定而德無正恆雖貞然亦不為咎人所容；

九四以陽居陰與初六相應；九四，久而無功；六五，雖爲震體有柔中之德，然而爲婦則吉爲夫則凶；丈夫之行惟宜審義不貴員一；然而上六居恆之極震之終，以動之極而振動不已以振爲恆猶雷之發而不收，風之行而不止，故無功而凶。

（占）天氣晴。○家宅不宜新造而宜守舊。○己身不安，親戚朋友有離叛之意，但有妻之內助。○婚姻成，吉。○生產得男，母有難。○仕宦可成。○求事稍有利望大則得小望小則得大雖有阻隔之人然而不爲害。○訴訟雖有驚恐，然而無害西南方應有加害者。○盜賊三日之內不得，則三年之後可知其住處。○失物在西南難出。○尋人不急尋時難得，速尋則得二人同行吉○出行有口舌宜開道而行以防盜賊之害。○待人來。○買賣成不可改換地方。○疾

病不安。○希望難成。

變卦

初爻變　不正短慮，則居家有驚。

二爻變　有因親人而散財之事。

三爻變　貞正和順，則有大幸。

四爻變　宜守舊不動則吉。

五爻變　爲新事業時必有大損失。

六爻變　修身謀事大吉。

天山遯　乾上　艮下

父母 ▅▅▅ 土　金

兄弟 ▅▅▅ 應　火　金

官鬼 ▅▅▅ 火

兄弟 ▅▅▅ 火

官鬼 ▅▅ ▅▅ 世　土

父母 ▅▅ ▅▅ 身　土

六月卦

春吉　夏凶　秋平　冬凶

䷠天山遯（全卦之解）此卦乾天在艮山之上；山在下止而不動天在

上上而不息天氣上行有山岳遯去之象；又在消長方面由乾為姤由姤為遯

勢將為否為觀為剝為坤。陰漸進陽漸退遯故名曰遯遯者遁也退也故得此

卦時退則吉進則不利止則有利始可無利家道衰微貨財有減損之意然此

為前凶後吉之卦故當困難之極得此卦者為艱解之卦此卦遯而亨者小人

得漸勢君子見機而退可以保身若戀戀不退則受禍故遯而亨者身雖遯而

道則亨也。

（各爻之解）此卦通觀六爻則上卦為乾建有斷然捨去之象；下卦為艮

止有留戀之意故下卦不如上卦之吉遯者不遠嫌愈上愈吉也就六爻觀之

則初爻遯而露尾非真遯也二爻不欲遯而止三爻遯而有所係將遯而未決

也；四爻不拘所好，超然遠遯者也；五爻以貞而自守，遯而得吉者也；上爻遯而

離俗者也。然而易經之道未可執一而論要在識時。

（占）天氣降雨。○家宅門路不正凶事連至疾病多遷徙利。○身上不佳，

萬事難成就。○婚姻不成成亦凶。○生產有障礙。○仕宦雖難成然得樞要之

地。○求事吉。○訴訟吉。○盜賊向遠方去隱于東北山下。○失物難得。○尋人

難遇。○出行有災。○待人不來。○買賣不利。○疾病爲虛構之症宜遷居。○希

望難成。

## 變卦

初爻變　占子孫之事則凶，病愈求財遲而不得，諸事不利。

二爻變　訴訟失理病不愈，求財有謀事遲。

三爻變　求財不得，失物難覓出行吉。

四爻變　待人遲來，婚姻初吉而後破萬事凶。

五爻變　出行吉待人有便謀事初吉而後凶。

六爻變　待人早來，訴訟宜和解，婚姻成就；此人十八歲及三十六歲時，命中有大難宜注意。

雷天大壯　震上
　　　　　乾下

兄弟　　　土　┃┃
子孫　　　金　┃┃
父母　　　火　┃　一世
兄弟　　　土　┃
官鬼　　　木　┃
妻財　　　水　┃　應身　二月卦　春凶
　　　　　　　　　　　　　　　　夏平
　　　　　　　　　　　　　　　　秋平
　　　　　　　　　　　　　　　　冬吉

雷天大壯（全卦之解）此卦震雷在乾天之上。雷奮于天上，其勢壯為又在消長方面由復始為臨為泰今為大壯。由此而為夬為乾純陽旺盛故名曰大壯得此卦者過于強猛必生過失蓋臣犯君父凌子又有侮人害他之

慝，故妄進則無過；夫人乘剛而動，邁往直前，過剛則折，過勇則蹶，敗事之咎在

此大壯之中，雜卦傳中大壯則止，以此故也。震雖以震動為主，然而此卦之爻

象皆有恐懼易道惡過剛可知。

（各爻之解）此卦通觀六爻，則卦體下乾而上震。震卦象內剛而外動，此陽

之上乘壯逼陰而欲決之，實為容易然而陰方得位，未可遽逼，不可恃剛不可

躁進，君子必為非禮則無履。六爻分而屬于二卦內三爻為乾體，外三爻為震

體以二五而得中；初爻為乾之初，一往直前而不知退，故凶二爻為乾之主，喜

得中而不失其正故吉三爻居于乾之終，小人指初君子指二分初與二而明

之小人處此，則將恃其壯而以危為戒。四爻出乾而入震為大壯之主以陽居

陰，動而不違謙，故得吉而無悔五爻居震之中，在平易之時柔而得中不用其

壯，故無悔。上爻居震之極，進退維谷，艱則吉；要之，此卦用三爻之剛而不用壯，此爲處壯之要道。

（占）天氣降雨。○家宅，地盤不安，地折或井破又有火災之患，宜遷徙。○身有繁成之意，婚姻凶。○生產得男但有母難。○仕宦先難而後易。求事難成；但初爻與五爻之動則可進而求之。○訴訟可驚。○宜愼防盜賊。○失物難得。○尋人可得動爻則難尋。○出行不利，不可信二人之言防途中失脫，○待人不來。○買賣難成。○疾病足疾多大抵凶。○希望不遂。

變卦

初爻變　　　守舊則吉。

二爻變　　　正直而不愼則有火災之厄。

三爻變　有爭論宜愼。

四爻變　守他人之意見，則得長上之助，半吉。

五爻變　凶。

六爻變　半吉。

火地晉

火地晉　離上
　　　　坤下

官鬼 ▅▅▅ 火　土
父母 ▅　▅ 金
兄弟 ▅▅▅ 木　火
妻財 ▅　▅ 火　土
官鬼 ▅　▅
父母 ▅▅▅

二月卦

春吉
夏平
秋凶
冬吉

▤▤ 火地晉（全卦之解）此卦，離實在上坤地在下，日出地上，有遍照萬
國之象又；離明在上坤地在下已柔順而順從文明之人其道升進。故名曰晉。
蓋此爲出暗而進明，去苦而趨樂之卦得此卦者，如旭日之上，氣運旺盛而百
事如意聲名聞達于四方。觀一家則父在上而明察有義方而無溺愛子在下

易經占卜靈書

而從順，有孝敬而無忤逆。由此而家齊則一家和睦，門庭樂觀，離卦十六象之最美者無如晉與大有者。明天在上其明最盛晉者明出地上其明方新。

故大象以君子自明明德。

（各爻之解）此卦通觀六爻以初爻爲進步之始，人或不信我，我亦獨行其正；雖不能寬裕處之，然亦可獨行其正，寬裕處之也；二爻較初爻進一等，雖以得中心而懷憂愁然吉而受福者也；三爻由此進，衆心允服，故可无悔，內卦三爻皆得坤之順，故吉；四爻當外卦之始，出震而入離，首鼠兩端，有一前一卻之象。故雖貞亦屬。五爻爲卦之主柔進而上行，故往無不吉；上爻居晉之極進而不順，必致吝也。外卦當爻離之位，高而難進，故多屬聖人憂患而作易于晉明之世，猶以貞屬貞吝爲戒，其旨可謂深矣。

（占）天氣晴，二爻動則降雨。○家宅，門破不正，改門爲宜。○己身，好運新來，百事吉○婚姻成。○生產得男吉○仕宦依賴知己可以遂望，九四變則破。○訴訟久而得理。○盜賊可向東南墓地之近邊求之。○失物持向北方去難得。○尋人可向未申之山林中求之。○出行二人宜向東南行。○待人來。○買賣與東南之人交易可成。○希望可成。

變卦

初爻變　　諸事之占半吉。

二爻變　　求財後則成，婚姻不成，求事吉待人不歸。

三爻變　　訴訟和睦婚姻成尋人可遇謀事吉。

四爻變　　諸事之占半吉。

五爻變　　訴訟可以和解，求財凶病愈失物尋覓不得，不得出入難望。

六爻變　　出行不利求財不得婚姻不成，其餘均吉。

地火明夷　坤上　金　水　土
　　　　　離下

父母　▅　▅　水　土
兄弟　▅　▅　世　水　木
官鬼　▅▅▅　　　　　
兄弟　▅▅▅　　　　　
官鬼　▅　▅　身　木
子孫　▅　▅　應

五月卦　春平　夏凶　秋凶　冬吉

地火明夷（全卦之解）此卦，離之日入坤地之下，為暗夜之象火入地中，則火被土掩火上而不能產明，故火被土覆，又不能用其明，故名明夷夷者傷也，以是得此卦時心身勞苦，或受意外之災難為困難之時。然而始困後達之卦則固守貞正之道取法此卦象而晦己之明應暫待時之至。此卦在人則家門衰微凶災荐臻為一卦之象坤之母在上離之子在下子之才德雖明然而子不得母之歡不明猶可明則遭禍尤烈推之諸事與人共事則逢主任

之皆愚；為君從事，則遭長官之柔暗；有才而被忌，有德而被妒，非但不能成事，並且不能保全身命。故此卦之要，全在晦德以保身。

（各爻之解）此卦通觀六爻明夷之時，太陽入于地中明被夷則賢者不被容于世智者亦不被用于時皆懷寵晦智以保身為旨就六爻而言則初九為明夷之始，見機而早去以潛藏為貞六二文明中正而為離之主，受坤之下，以匡救為貞守常道也。九三當明極生暗之交，與上六相應通變達權順天而處事者也。六四捨暗而投明，不見機潔身而去者也。六五居坤陰之中不幸而逢暗君，以一身而任社稷之重能守貞正者也。上六為明夷之終暗內而亡者也總之此卦以上六為卦主下之五爻皆因上爻而被傷，其中下三爻被傷尤甚。故皆揭明夷之二守示傷害之重。

（占）天氣降雨。○家宅門前有小路宅凶而憂慮多，或父子分居則尚可。○己身有大難宜晦藏。○婚姻雖成，然而有口舌，又非正娶。○生產得女，母將受驚。○仕宦功名不顯，顯則必有災害忌初爻之變。○求事，有阻隔之患。○訴訟凶有禁獄之患。○盜賊，在近處久可捕得。○失物，難得。○出行凶宜止。○待人不來。○買賣難成。○疾病危。○希望難成。

變卦

初爻變　婚姻成，求財得待人及尋人均不利。

二爻變　待人歸，訴訟凶病凶其餘皆吉。

三爻變　訴訟吉餘皆半吉。

四爻變　求財不得其餘皆吉。

五爻變　求財不得。

六爻變　文書成就訴訟婚姻吉謀事可成。

風火家人
離下 巽上

| | | |
|---|---|---|
| 兄弟 | ▅▅▅ | 木 |
| 子孫 | ▅▅▅ | 火　應 |
| 妻財 | ▅　▅ | 土 |
| 父母 | ▅▅▅ | 水 |
| 妻財 | ▅　▅ | 土　世身 |
| 兄弟 | ▅▅▅ | 木 |

六月卦　春吉夏凶秋平冬凶

☰☰☰風火家人（全卦之解）此卦巽之長女居上離之中女居下長女得
正而位于下婦女有房而正爲家道能齊之象；又九五之一陽，有夫之位，亦得
中正，得夫婦中正而治家則家道之齊可知。故名曰家人然則得此卦之時，家
內雖安寧然而當世如此之人甚少，當此卦者大抵家內不治，爭論有口舌而
憂苦不絕。壯年之人有色情之難，故此卦所言象辭爻辭皆治家之要道人事
盡在是家內之事女主之。自古以來，女子之質最難得；女之性陰則流而爲奸

險，柔則或溺于偏私閫門之不治，皆由家教之不嚴；此卦，離火酷烈，故家教以嚴爲主；選風柔利，故婦道以順爲正；以是家人之卦取象于風火。

（各爻之解）此卦通觀六爻，初爻爲其女尚幼先立其閑二爻則稍長。當課以中饋之事。三爻則長成，故戒失節；內三爻則女猶在家，約束不嫌其嚴；四爻曰「順」者得其正也；五爻曰「到」者交相愛也；上爻曰「孚」者家之本在身也；外三爻爲女已成家乃終爲教家之始。外二爻爲齊家之事教家之終；始則立其防，終則要其成，極其道而成身者也。

（占）天氣降雨。○家宅宜防火災。○己身時運雖全盛然而入邪則邪，善則善宜愼言行然有依妻得利之象。○婚姻成可爲貴人之媒。○生產得男；冬則爲女五爻變則有難。○仕宦難成不可信他人之虛言。○求事雖成而難

遂。○訴訟雖有婦女之妨碍，然而無害。○盜賊，居西北隅。○失物，在南方，難得。

○尋人不久可歸二五之爻勳則不歸。○出行，須待三四日之後。○待人不來。

◉買賣成。○疾病難治。○希望遲成。

變卦

初爻變　　貞正和順，則家有喜慶。

二爻變　　目下將有勞心之事宜注意。

三爻變　　吉。

四爻變　　宜守舊半吉。

五爻變　　家內有添人口之事，大吉。

六爻變　　有口舌爭競之事宜謹愼凶。

火澤睽
離上　火
兌下

火澤睽
　　父母　一　　　　火
　　兄弟　一　　土　金
　　子孫　一一　　　土　木　火
　　兄弟　一　　　　火
　　官鬼　一一
　　父母

二月卦
春吉
夏平
秋平
冬凶

三三火澤睽（全卦之解）此卦離火在上，兌澤在下；火本炎上，在上益上；水本潤下，在下益下，互相乖離又離之中女在上，兌之少女在下；姊妹雖同育于父母之家，然其歸處各異其志又不同亦爲乖離之義，故名曰睽。睽者乖也，然則得此卦者，人心乖違，百事難成，辛苦多而財寶散亂，但爲內兌說外文明，則依其事而得吉，不可執一而論夫不睽則本不合，惟睽則合衆人因其睽而用之，天高地卑則爲睽，位定則天地之睽同，男外女內者睽也，禮定而男女之睽通，耕可着織可食，車不可行，舟不可行陸，皆睽也火澤之用，普人事之準，于此而可立。

（各爻之解）此卦通觀六爻，則互卦有重離有坎，離之明多視而被傷，坎

為心病，故由睽生疑疑則視家人為惡人，為鬼為寇疑釋則情親為夫為家為

婚姻前之相疑甚則後之合亦甚切；睽合之機在此一轉移間以是而內卦皆

疑而待之外卦皆反而應之初與四應，喪初之馬四元得天而合，二與五應遇

二之巽噬五之膚而得合三與上應，遇上之雨而得合合則惡人化而同室睽

則家人疑而為寇仇，恩怨反復變態無常始之睽者終合卦合睽之象易之變

化所以無窮也。

（占）天氣降雨。○家宅，與異性之人同居，家內不和，又有牆壁破壞之患，

宜遷徙。○己身目下運氣顛倒，宜待時而成事。○婚姻成，有口舌女子將再婚。

○生產得男有難。○仕宦難成。○求事有阻隔難成。○訴訟終可和。○盜賊應

待再來而捕之，急則不吉〇失物，難得，但可向西北尋之。〇尋人，難得。〇出行有利。〇待人不來。〇買賣不可急求久而後成有大利。〇疾病重治愈遲。〇希望難成。

變卦

初爻變　　　有爭競之事。

二爻變　　　親人不利。

三爻變　　　吉。

四爻變　　　有損失。

五爻變　　　宜守舊。

六爻變　　　關于婦人之事有爭競宜謹愼。

水山蹇
坎上　水
艮下

子孫　──　水
　　　　　　土
　──　金
父母兄
弟　　　金
──世

兄弟　──　身　火
　　　　　　土

官鬼　──　火
　　　　　　土

父母　──應　土

八月卦　春凶
　　　　夏自如
　　　　秋吉
　　　　冬疾病

水山蹇（全卦之解）此卦，坎險在上，艮止在下；此有止于險中不能出險之象；又坎水在前艮山在後，進則前有水退則後有山，前後皆險，而有進退維谷之象；在全體則九五之一陽，雖在君位然爲坎險之主，陷于險中；九三之一陽，剛強而爲艮止之主，止于內卦之上不朝九五之君天下有二君爲蹇難危急之象，故名曰蹇。蹇者難也。然則得此卦者不問貴賤貧富身心憂苦所計皆空爲陷于困難之時。然而見蹇則可漸脫危險。

（各爻之解）此卦，通觀六爻則不僅知險而止又能知往處之利與不利；

往處不誤，在能濟蹇初爻居艮之下當蹇之始去蹇猶遠宜觀變待時而動二

爻居下卦之中以國事為己事犯難而不顧三爻為艮之主當上下之交與坎

險相鄰往而濟九五之大蹇四爻接近五爻之君為其所倚重君臣一體如心

腹股肱之相連勉強濟蹇五爻中正而當君位合諸爻之蹇以為蹇蹇之大者

位亦宜與聞理亂助五爻之君而匡時蓋五者君之道出見民之危猶如己之

也居上爻之極躬居局外雖不及蹇難然而賢人君子憂世傷時身雖不當君

危此相道也君之憂如己之憂以身任天下之重者固當如此也

（占）天氣降雨。○家宅有被山水淹壞之憂○己身氣運艱難之時可勉

強出險。○婚姻不成成亦有口舌。○生產難。○仕宦先難後成○謀事遲成。○

訴訟宜停止出訟延則凶○盜賊在東北山下宜早尋。○失物宜向東北水邊

尋之。○尋人，難得。○出行，有破財之事，遲出則有利。○待人，不來。○買賣，隔而不成。○疾病，急則難治或有足疾。○希望，先難後成。

變卦

初爻變　初則辛苦多，後則大吉。

二爻變　宜守舊半吉。

三爻變　得助而喜則吉。

四爻變　吉。

五爻變　可得財物。

六爻變　凶，有信心則可免災厄。

雷水解　震上　土

　　　　　坎下

　　　　　　　妻財 ▆▆ 金

　　　　　　　官鬼 ▆▅ 火應身

　　　　　　　子孫 ▆▆ 火

　　　　　　　子孫 ▆▅ 土

　　　　　　　妻財 ▆▆ 木

　　　　　　　兄弟 ▆▅

　　　　　　　　　十二月卦　春平
　　　　　　　　　　　　　　　夏吉
　　　　　　　　　　　　　　　秋凶
　　　　　　　　　　　　　　　冬不利

☳☵雷水解（全卦之解）此卦震雷在上坎水在下雷雨作而天地鬱結之氣解在全體方面，九四之一陽，在執政之位有剛明之德九二之一陽居將帥之職；有剛中之才可解天下之難六五之君，有柔中之德比四應二委任賢才，有解難之象故名曰解。解者脫也緩也然則得此卦者能解脫從來之險難；但僅脫難，而喜未至為元氣未復之時且其處險之道不動則不能脫險動則必審其方向又須得眾力及其已解，則如人之病愈，而血氣未復宜休養之又，僅脫困難猶為有害故常除去之此卽為能解之時。

（各爻之解）此卦通觀六爻春氣一動則雷雨交作天下之積氣乃解，萬

物之生機始有通達之象；其爲難者爲坎，其解難者爲震；初爻爲難之初平之時，惟求無咎而已；至二爻則難已除得貞吉者也三爻難雖消然以寇而致寇，自取咎者也四爻難未全解，尚望人之相助；五爻能以心相孚治理羣衆上爻積惡未靖，可以武力除之作難者爲小人而解之者爲君子五爻爲解之主即君子爲解之君也。

（占）天氣長久降雨又有風雷之恐。○家宅不利應與人中絕○已身可免災難爲振作之時。○婚姻難成成後亦凶○生產得男。○仕宦三爻五爻動則成。○謀事有阻隔而不成。○訴訟長久三爻五爻動則可無事。○盜賊難捉。○失物難得。○尋人難得。○出行吉○待人不來。○買賣可成。○疾病危險。○希望處事有利遲則不成。

變卦

初爻變　宜防口舌。

二爻變　在家族親戚之中，有喜事吉。

三爻變　宜守舊不可性急。

四爻變　待時則吉與人有爭競之事。

五爻變　謹愼則有疾病。

六爻變　關于事物有憂慮，不可輕舉。

山澤損　艮上　兌下

官鬼 ━━━ 木 應

妻財 ━ ━ 水

兄弟 ━ ━ 土

兄弟 ━ ━ 土 世

官鬼 ━━━ 木 身

父母 ━━━ 火

七月卦

春平
夏吉
秋吉
冬平

☶☱山澤損（全卦之解）此卦艮山在上，兌澤在下，山漸夷，澤漸埋；山澤

俱損其形又，山氣上而澤氣下，山澤之二氣不相交，則山不生草木澤不生魚
鼈，山澤俱失其功用，故名曰損。損者減也夬也，故得其卦則可損己益人又損
利慾則益德損驕奢則益財；損其可損，則雖損不損，損其不可損，則不損而己
損。夫損人而益己，則如損公而益私，皆損而得咎者也。損之道亦視人之用之
如何而已。

（各爻之解）此卦，通觀六爻，則爲地天泰之時，有上六來而居三，九三往
而居上之象，即損下而益上，損民而益君也凡治國之道，損民之財而益君之
驕則其國罷敝，是損之義爲否泰之兆六爻損者審彼我度終始義各有在初
爻處卦之始，即爲謀事之始，酌輕重緩急之宜而損之者也；二爻處內卦之中，
以不損而爲利貞者也；三爻爲損之主爻，而損其一者也四爻爲外卦之始，與

初九相應，而損其病者也；五爻柔順而得中，以孚下而人獻其誠，有意外之益，故不言損；上爻居損之極不可損則不損而益之；蓋卦既名損爻辭多不云損；六爻之意皆取孚誠也。

（占）天氣降雨。○家宅有盜賊之患宜注意不怠。○己身，目下性情不定，關于親戚兄弟等應有勞苦。○婚姻成。○生產難。○仕宦，先難後成。○謀事雖成然而損財。○訴訟雖損他人，然而己可得利。○盜賊宜向東北方尋之。○失物，難得。○尋人可得。○出行不利，有謀我者。○待人不來。○買賣兩三次可成。○疾病可治。○希望急難成就。

初爻變　　　變卦

婚姻不成，求財吉，訴訟有理。

二爻變　訴訟可和睦，婚姻成謀事成，求財可得，病安。

三爻變　訴訟和睦婚姻及謀事均成求財可得病吉。

四爻變　謀事及婚姻均成求財可得病吉。

五爻變　訴訟勝，婚姻不成求財可得病安出行，謀事均吉。

六爻變　訴訟凶病危婚姻不成求財不成出行吉。

澤天夬　兌上　乾下

七　金　水　土　木　水

兄弟　子孫　妻財　兄弟　官鬼　妻財

一世　一身　一應

三月卦

春平　夏吉　秋福德　冬凶

三三　澤天夬（全卦之解）此卦以兌澤而在乾天之上澤氣登于天上則必成雨此決去之義也；又以乾天之至剛，而對兌之至弱；以我之剛強決彼之柔弱，其決去也甚易在全體方面以五陽對一陰以一陰抗五陽以五陽而去

一陰，爲以君子去小人之象故名曰夬夬者決也。然則得此卦時過于剛強，則

有破事之恐又有物體散亂而受傷之意過剛則人心離散災害荐臻故須忍

耐柔和方爲有利此卦以五陽之君子而去一小人以去惡爲務故可有利然

而君子不敢輕易舉事必須深慮熟思不得已而後決之一人之孤雖無害然

必須絕其根不可使之復萌法此義而處人事起居動靜以崇去邪爲主此處

而有一奸則衆人皆被其害與有一粃而百穀咸受其害相似去惡與去草同，

夬之道也。

（各爻之解）此卦通觀六爻則小人居高臨下以壓制衆君子君子雖衆，

然而不易去此小人若輕一陰之微恃羣陽之勢而立即去之則必釀炎禍。故

六爻之辭諄諄垂戒不堪危懼初九，以不勝爲戒。九二以有戒而懼者也九三，

以凶為戒者也；九四，行而不進者也；至于九五，始可云无咎。聯合羣陽，而得決一陰之事者也。上六卦之終已盡，小人之道已消者也；然而君子易消小人難退。夫一陰未盡于上，姤之一陰即生于下，陰陽之消長，非人力之所爭保護之者，惟存于其人而已。

（占）天氣陰。○家宅有水災，居住不安。○己身，氣運強盛宜散財，不宜聚財。○婚姻凶。○生產得男。○仕宦不成。○求事，始不成，後可成。○盜賊已向西方去，難以覓得。○失物，向西此方尋之可得。○尋人難遇。○出行，出則失財。○待人不來。○買賣，難成。○疾病凶。○希望，有妨碍難遂。

初爻變

變卦

宜靜以待變，性急則凶，秋則吉。

二爻變　改善諸事則吉。

三爻變　婦人之事有喜慶宜慎色情。

四爻變　凶。

五爻變　不正之人有災害。

六爻變　正直之人得尊貴之師，謀事成半吉。

天風姤

乾上　　土　　金　　火　　金
巽下

父母　━━　　土
兄弟　━━　　金　應
官鬼　━━　　火
兄弟　━━　　金
子孫　━━　　水　身
父母　━━　　土　世　五月卦

春不利
夏疾病
秋吉
冬半凶

三三天風姤（全卦之解）此卦，巽風在乾天之下；風之行天下也，徧觸萬物。在全體方面初六之一陰爲巽之主而遇五陽又在消長方面由姤而爲遘，爲否爲觀爲剝，終則爲坤。此爲陰長而遇陽之象，故名曰姤。姤者遇也；然則得

三一八

三三〇

此卦者，有非所望而卒然相遇之意；物之聚散無常，故思慮不定，而心中迷惑；以一陰而遇五陽，則如羣男愛一不貞之女，難免爭競之事。彼雖剛強而不容我，然而我以柔順應彼，則彼不拒我，而得相合，此處姤之善者也。

（各爻之解）此卦，通觀六爻，則天之清明，微風作起，有適相遇合之象；天雖遠而風無不達之處。有教化行于天下之象，惟一陰初生于下，其勢漸積漸長，甚至侵陽，故象辭有女壯之戒。初六巽之主，爲女之象，故以不動爲吉，往則凶；九二居內卦之中，當剛柔相遇之始，包藏禍根，必須不啓變不養奸，方得先咎。九三，初爲陰剝，尚不失健行之性，故得无咎；九四，以陽居陰失應得之物而凶；九五陽剛中正以剛包柔，不使惡長者也，上九爲姤之終，窮于上而吝者也。

（占）天氣陰有風。○家宅不吉。○己身小事吉大事則不利男子。○婚姻，

雖成而不利。○生產平安。○仕宦，雖成而無祿位。○謀事，依賴女子則可成。○
訴訟為時頗長。○盜賊，在西南方，可以捕得。○失物，難得，依賴女人則可得。○
尋人居南方親戚家中。○出行，向北方行則吉被女人所留則不利。○疾病，有
凶兆。○希望太大則有禍。

変卦

初爻變　婚姻，求財家宅等均吉其他萬事大吉。

二爻變　求財有口舌會貴人吉病凶官事得財。

三爻變　求財難得婚禮成訴訟不吉謀事失望。

四爻變　謀事求財吉婚禮成訴訟吉。

五爻變　訴訟吉婚姻成凡事半吉。

澤地萃
兌上　　土
坤下

父母 ▬▬　身　金
兄弟 ▬▬　應　水
子孫 ▬▬　　木
妻財 ▬▬　　火
官鬼 ▬▬　世　土
父母 ▬▬

六月卦
春吉
夏口舌
秋平
冬平

三三澤地萃(全卦之解)此卦兌之和悅在上,坤之巽順在下,上利悅而

愛下,下巽順而聚于上。我順則聚于彼,彼悅則聚于我。在全體方面二陽聚于

四五,四陰聚于二陽故名曰萃。萃者聚也得此卦者運氣平順,諸事均吉人類

聚其精神財力,皆萃之道也;不順則散,不悅則離,不剛則人不服;此卦順而有

喜,剛中而應聚而得正者也。

(各爻之解)此卦,通觀六爻,則以五爻為萃之主。剛中之大人也。二為萃,

初與四亦為萃可以其位而致萃故云:「萃而有位。」上則無位,未免涕泣而

易經占卜靈書

不安；三與上應，上悲則三亦嗟嘆。總而言之，六爻皆反復言萃初以萃而致亂，

三因萃而與嘆，上因萃而流涕，皆得萃之正；五得萃之吉，二得萃之孚，所謂順

而悅，剛中而應者也。

（占）天氣久不降雨。○家宅，宜防水災。○己身平穩，然有安不忘危之利。

○婚姻可成。○生產得女吉。○仕宦遲成。○謀事，與軍人共求則吉。○訴訟吉。

○盜賊在東方，共有三人可捕得。○失物在西南方，難得。○尋人向西南方尋

之可遇。○出行凶有口舌。○待人來。○買賣成。○疾病難治。○希望成。

　　　　　　　變卦

初爻變　　老人吉。

二爻變　　不正則凶又宜慎防盜賊。

三爻變　婦人之事，有喜慶及損失。

四爻變　安靜則吉性急則與人爭而有損失。

五爻變　吉。

六爻變　凡事不吉又有與親人不和之事。

地風升 坤上
　　　　 巽下

| | | |
|---|---|---|
| 官鬼 ▆▆　金 | 水 | 土 |
| 父母 ▆▆　水 | 土 | 金 |
| 妻財 ▆▆　土 世 | 金 | 水 |
| 官鬼 ▆▆　金 | 水 | 土 |
| 父母 ▆▆　水 身 | 土 | 應 |
| 妻財 ▆▆　土 | 八月卦 | 春吉夏吉秋平冬平 |

地風升（全卦之解）此卦，巽木在坤地之下，有果實播于地中之象；果實之在地中也必得時而發生由地下升于地上；又為巽風入坤地下之象；風之為物，本不在地中，後必發生而升于地上故名曰升得此卦者運氣漸進，希望可遂卦之大吉以柔而升柔依剛而立其志斯伸積小而成大故云：「重

大〕譬如：升高者必自卑時不可先又不可後以柔而升靜以待時之謂也。

〔各爻之解〕通觀六爻，則卦名取地風，卦象取地木風從地起，木從地出，

巽爲風亦爲木。木與風其升一也；爻象內三爻爲巽，初爻爲巽之主上升而得

大吉者也二爻備剛中之德无咎而有喜者也三爻爲巽之終歷諸難位日進

而曰高升而無疑者也外三爻爲坤，四爻言：「亨于岐山」之事五爻柔中位

極其尊升階得貞吉者也。上爻居坤之極，升而至上升至無可升之處在人則

祿位已盡，一切富貴權利消歸先何有之鄕；惟道德功名則可流傳不朽。

〔占〕天氣降雨可以早晴。○家宅，初小而後大。○已身運氣漸佳。○婚姻

可成。○生產得女。○仕宦可成。○謀事遲成。○訴訟吉。○盜賊急則可捕，在西

南。○失物，在西南方，難覓。○尋人，可向西北尋之。○出行宜往北方，進則吉退

則不吉。○待人來。○買賣有利。○疾病危。○希望成，凡事不宜速。

變卦

初爻變　吉。

二爻變　貞正和順，則家內有喜。

三爻變　守舊而不變動，則有凶兆。

四爻變　家事吉。

五爻變　不正之人有災害半吉。

六爻變　宜慎防口舌爭論。

澤水困　兌上　坎下

| 上 | 金 | | 父母 | ▅▅ ▅▅ |
| 水 | 火 | | 兄弟 | ▅▅▅▅▅ |
| 子孫 | 應 | | | ▅▅▅▅▅ |
| 官鬼 | 身 | 土 木 | | ▅▅ ▅▅ |
| 父母 | | | | ▅▅▅▅▅ |
| 妻財 | 世 | | | ▅▅ ▅▅ |

五月卦

春吉　夏凶　秋平　冬凶

䷮澤水困（全卦之解）此卦，兌澤在上，坎水在下，爲澤中無水之象；上

之五卦以巽爲木，澤竭則木橋下之五卦以離爲日，日暗則水涸。故名曰困。困

者，如在敵人重圍之內又如陷于獸穽之中，困而不能出者也。得此卦者，志不

能達，辛苦頗多此卦，困而貞大人吉二五剛中，有大人之象在困而不失其亨，

坎險雖起，而不失兌悅；身雖苦而道卽亨故處困之時者，樂天知命，不爲險阻

艱難奪其志盡我之道而已。

（各爻之解）此卦通觀六爻，則爻象之義往者由下往上也，來者由上降

下也；來者齟齬而不合往者中外互塞；初爻株木支于內三爻蒺藜拒于中；上

爻蒙葛藟九二在險中，九五與九二同德爲極困之主被四阻隔必待四來，五

乃得與二相合苟不去三之蒺藜，則四未得往；上之葛藟不去則五亦未通故

困之害在三上，必去三上始得無憂總而言之苦之者為柔被苦者為剛，困者
終亨，困愈深者成愈大孟子所論「天降大任」一章可為此卦之註脚。

（占）天氣，將有大雨。○家宅庭中有枯井妻子有炎。○已身運氣不佳，宜
安分待時。○婚姻雖可成然而後來則男夭女寡。○生產安四爻變則得女。○
仕宦難成名成則身危身存則名歸。○謀事，先難後成。○訴訟凶。○盜賊隱于
東南，可以捕得。○失物難尋。○尋人可遇。○出行，利西北○求財不得。○買賣
不成。○疾病危。○希望難成。

　　　　　變卦

初爻變　　諸事半吉。

二爻變　　進退均出意外，順人則吉。

三爻變　諸事凶。

四爻變　性急則有災害。

五爻變　恐有損失宜愼色情。

六爻變　對于口舌爭論宜謹愼。

水風井

坎上　巽下

水　土 身 世

金 金

金 水

妻財　土 應

官鬼

官鬼

父母

妻財

父母

三月卦

春凶
夏災
秋吉
冬有利

☵☴ 水風井（全卦之解）此卦，坎水在上巽木在下以木爲瓶，有瓶入水中，汲水上升之象，故名爲井井者養生保命之本也井之爲物任人汲水而水不竭；在井則對于人之汲水，無關得失。得此卦者宜法井之德，修己而惠人至于人之汲水，無關得失。得此卦者宜法井之德，修己而惠人至于遭遇如何則當聽之于天不改其德井有節之意節井之水而備養猶如人

之節財而備用；凡天下之事節其源。通其流者，皆可視之爲井；此卦三陰三陽；乾以初而化巽坤以之而化坎；以乾爲利以坤爲用；利用者爲財厚生者爲農，皆人事之切要者也；有其養而不知所養井遂成虛器有其財而不知所用，則財遂歸于虛此非財與井之咎，在人之不善取之耳。

（各爻之解）此卦通觀六爻，則全象以坎爲主，此爲井中之象；出陰虛而爲汲口，初爻爲陰而在下，故爲井泥；二爻承陽而爲坎，故爲斂漏三爻得位而應上，故受福四爻修德補遇，故爲井秋瓦；五爻陽剛中正，故爲美泉上爻成井養之巧，故爲井體以卦時而論則初爻當春夏之交，水源混濁，故井有泥；二爻當離夏水多魚；三四兩爻爲秋秋水澄淸五爻爲冬，故井水寒冽；上爻爲嚴寒之終，故水養亦竭；大低下卦坎水流行于東南失時而不遇，故不吉上卦水歸

于西北，得其方位故多吉也。

（占）天氣降雨久不能晴。○家宅，近水而居則不安。○己身，宜安分守己，否則有損無益。○婚姻半吉。○生產不安。○仕宦不吉。○謀事，始難成後可成。○訴訟長久，有田地之爭。○盜賊難捕。○失物可得。○尋人難得。○出行吉。○買賣難成成則有大利。○疾病重治愈遲。○希望難成。待人來。

變卦

初爻變　　宜守舊性急則凶。

二爻變　　有災厄宜移動住處。

三爻變　　凶。

四爻變　　將有疾病成有勞心之事。

五爻變　宜守舊，不可妄動，後則吉。

六爻變　有損失凶。

澤火革
兌上　土
離下　金

官鬼 ▅▅ 身 ▅▅
父母 ▅▅ 水
兄弟 ▅▅ 世　水　上
兄弟 ▅▅ ▅▅　木
官鬼 ▅▅ ▅▅ 應
子孫

二月卦

春凶
夏平
秋凶
冬吉

䷰澤火革（全卦之解）此卦兌澤在上離火在下，火水相對；蓋水多則火勝，火熾則水勝，水火相滅，即爲變革之義又，離夏在先兌秋在後夏既去而秋將至此陰陽改革之時也；又兌金在上離火在下，此爲以火燒金之象以火燒金則其形變革又，離之日沒于兌之西，有晝夜改革之義以有此等之象故名爲革革者改也去故也故得此革者凡事皆當改革宜棄去故舊創造新事業；此卦兌爲少女，離中女雖二女同居于一家然而水火之性各異，終不相得，

于是不能不變變則革此革之所由生也。

（各爻之解）此卦通觀六爻則卦由困來，時窮世困幸而出困入井井者養也；井之象改邑而不改井邑可改；不可改則必先養其元氣既養而後改革故井在革之前。革者去故也，鼎者取新也；欲取新必先去故故鼎後于革上卦三爻爲文明之革初爻時日尚早未可用革；二爻爲時日已至乃可用革三爻革事已成上卦三爻爲革而成悅四爻受天命五爻正天位上爻爲天下化成無不悅服革之事惟求其當而所以革者貴得其時以是而天地未春而革夏未秋而革冬之事必不能成四時之革皆應其時也。

（占）天氣降雨時晴，晴時降雨。○家宅應防火災。◉己身運氣有反常之事，貨財亦不足。○婚姻可成但夫爲妻制又有出妻改娶之象。○生產安。○仕

宜難成。○謀事可成。○訴訟，無中生有，災由外來，改訟詞則訴訟可勝。○盜賊，匿丑寅之方，可捕得。○失物，難覓。○尋人可得。○出行，宜二人同行。○待人難來。○買賣成。○疾病，難治。○希望，初難後成。

變卦

初爻變　　求財得，謀事成尋人不見。

二爻變　　待人不歸訟失理，婚不成諸事半吉。

三爻變　　待人歸。失物不能覓得，訴訟失敗，求財不得。

四爻變　　訴訟有理謀事成，婚姻和合諸事半吉。

五爻變　　謀事不成，求財不得萬事凶。

六爻變　　諸事大吉。

火風鼎　離上　巽下

兄弟 ▅▅ 火　身　土
子孫 ▅▅ 金　應　土
妻財 ▅▅ 金
妻財 ▅▅ 水　世　土
官鬼 ▅▅ 水　世
子孫 ▅▅ 土

十一月卦　春口舌　夏凶　秋凶　冬吉

火風鼎（全卦之解）此卦，巽木在下，離火在上以木入火成烹飪之象，又在全體方面，初爻為足。二三四爻為腹，五爻為耳，上爻為鉉，即為鼎之畫象，故名為鼎蓋烹飪之道，能變剛為柔，改腥為熟養人之生命，故得此卦者宜撫育卑幼，服從尊長體鼎之德，去邪從正遷善改過。鼎為調味之具，其烹飪之精妙口不能言志不能喻總而言之其運用在于調火，離為火而得烹飪之功，巽為木而得緩急之用，人之飲食，一日不可缺者也其為德也，內巽順而外有蠻火之明，此鼎之日新而其道所以大亨也。

（各爻之解）此卦通觀六爻則井可取水，鼎可取火；故井鼎二卦爻象相

似；蓋井以坎水爲主，鼎以離火爲主；井者，汲水之置在上，故坎居于上，上卦多

吉；鼎者、烹飪之置在上，故離居于上，上卦亦多吉，初爻爲鼎之初，倒鼎而去磢

致潔者也；二爻爲陽而居中，初爻承出磢之後，徐徐實物于其中而調和五味，

徛吉者也；三爻以剛居剛，且內卦之木與外卦之火，兩皆過中木火迅烈而鼎

中沸騰；人之才德過于激烈，則如自己閉塞四爻鼎中之實過多，鼎之足不勝

任而折覆鼎而致凶者也；五爻爲鼎之中，有柔中之德，利于貞者也；上九，陽剛

在上，及物之功，全係于此爻，鼎德之終，大吉而有利者也；三代之明王皆以鼎

爲寶，非無故也。

○婚姻雖成然有口舌。○生產不安。○仕宦先有阻礙後可成。○訴訟一時難

（占）天氣，降雨之後吹風。○家宅宜防火災。○己身，運氣旺盛事業成功。

信言不美，美言不信。

善者不辯，辯者不善。

知者不博，博者不知。

聖人不積，既以為人己愈有，既以與人己愈多。

天之道，利而不害；聖人之道，為而不爭。

**注釋**

信言不美，美言不信○信，真實。美，華麗。○真實的話不華麗，華麗的話不真實。

善者不辯，辯者不善○善者，善良的人。辯，巧辯。○善良的人不巧辯，巧辯的人不善良。

震爲雷

震上 震<br>
震下 震

震 土<br>
金<br>
火<br>
土<br>
木<br>
水

妻財 ▅▅<br>
官鬼 ▅▅<br>
子孫 ▅<br>
妻財 ▅▅<br>
兄弟 ▅▅<br>
父母 ▅

十月卦

春旺<br>
夏平<br>
秋平<br>
冬平<br>
吉

震爲雷（全卦之解）震者動也，動于一陽二陰之下；震爲本八卦之
名，此卦以重震而名震震之體，根本靜極而生動乾之一陽，被坤之二陰所掩，
奮激而出，其象爲雷，其德爲動，陽氣奮發而通達。今二震相重，則其威益熾故
得此卦者有春氣透發之象，奮發振作，而可大有所爲；雷者天地威怒之氣陰
陽薄擊之聲；使人恐懼謹愼，以免損失。語曰：「有疾風迅雷甚雨，則必變雖夜
必與君子恐懼修省，無不敬之時，遇變則尤加謹愼，小人平時放縱本無修省
之意，一旦遇雷霆之震怒，則畏悚而不能自持惟震來而能致其敬者震退而
不改其常，所謂恐而有福者也。

（各爻之解）此卦通觀六爻，則上互卦為坎，以坎為憂，故有恐懼之象；下互卦為艮艮為順，故有利悅之象；艮為宗廟為社稷，故有宗廟社稷之象；以震為祭，故有祭主之辭；六爻之義各應其時；初爻以一陽而為之震主，能臨事而懼後事而樂，任天而動，與時偕行恐懼致福者也；二爻居內卦之內，雖喪貨而可無事乘初爻之剛而有屬者也三爻當內外之交，內震未已，而外卦之震又來畏懼而不安，僅能免災者也；四爻為外卦之主，以陽居陰至于此時震之陽威已竭陷入污泥之中，而不能自拔者也五爻居外卦之中，內震乍往外震又來往來雖厲，然居尊位秉中德不失其所執之事者也；上爻居震之極為宗廟社稷神明所至恐懼修省而得无咎者也；四爻之泥不如初爻之吉故有隕失大抵處震之道以恐懼修省為主。

（占）天氣雷雨。○家宅有驚應防災，宜遷徙。○己身，幸運來時，凡事宜振作，先難後易。○婚姻，西北成，東北不成女子醜。○生產，得男有驚。○仕宦秋冬不成。○謀事，難。○訴訟，宜利解否則有大害。○盜賊，在西南方可以捕得。○失物可向東西方尋得。○尋人，中途可遇。○出行，南方吉，東方凶。○待人，有信來。○買賣吉。○疾病，先危後吉。○希望有障礙難成。

變卦

初爻變　有動而後定之意，將有幸福。

二爻變　將有災難。

三爻變　將有損失宜謹慎。

四爻變　靜則吉宜待時而動。

三三九

五爻變　　將有喜慶諸事吉。

六爻變　　不正之人將有災害。

艮爲山　艮上　木　　　　　　　四月卦　春凶
　　　　艮下　　水　土　　　　　　　　　夏吉
　　　　官鬼　　　土　金　　　　　　　　秋凶
　　　　妻財　兄弟　　金　火　　　　　　冬吉
　　　　子孫　　　火　土
　　　　父母　兄弟

三四〇

艮爲山（全卦之解）艮者止也，止于一陽二陰之上。艮爲本八卦之
名，此卦以重艮而名艮其象爲山，其德爲止。上下皆山兩山有並峙之象兩山
並峙，不相往來亦爲止之象故得此卦者宜止進有損又爲憂苦之二山相重
之象，事物半和半難和凡八難之卦雖皆上下一體，互相聯絡然僅此卦兩山
各止于其所，不相往來此艮之所以止也象辭云：「艮于其背，」背爲無耳目
之處，故內不見身外不見人卦爻上下不相應，故視如不視聞如不聞以此心

而處人事，則无咎。

（各爻之解）此卦，通觀六爻，則六爻皆取象于身；初六爲艮之初，當趾之位；凡人之動止必從趾始趾止則不能妄動，得止處而无得失，故止趾而无咎者也；六二當止之時。不欲止而心不快者也；九三居內外二卦之間不能降伏心火薰灼于方寸之中而有危厲之意；六四以陰居陰善其身而无咎者也；六五，柔中而居尊位語默不失其時故无悔也；上九爲艮之終山以厚重而爲體，山愈高而愈厚厚重如山不可動搖而吉者也艮之終在于此厚艮之始亦在于此厚。

（占）天氣降雨，有大風而可晴。○家宅男女均有愁爲不寧之兆。○己身，宜退守不宜妄動。○婚姻成。○生產生男。○仕宦遲成。○謀事成○訴訟宜正

直處事。○盜賊，在未申方，去尚不遠。○失物，在原處，可得。○尋人，在西南方。○買賣成，不可貪意外之財。○疾病難治。○希望不成。

出行，有疑難行推而行之則凶。○待人不來。

變卦

初爻變　行人不至，訴訟吉，餘均不吉。

二爻變　訴訟不吉，謀事不成，婚姻疾病均凶。

三爻變　家內有憂必受傷危險。

四爻變　婚姻成失物有，謀事求財，出入半吉。

五爻變　訴訟可勝，病危出入不順，求財吉行人不至。

六爻變　婚姻不成病宜保養求財空諸事中平。

## 風山漸

巽上　木
艮下

官鬼　━━━　火
父母　━━━　土
兄弟　━━　━　金
子孫　━━━　火
父母　━━　━　土
兄弟　━━　━

正月卦
春吉
夏吉
秋吉
冬不利

三三風山漸（全卦之解）此卦，巽木在艮山之上；樹木生于山上，則漸茂，此稍進之義也。故名曰漸，漸者進也，循序而進也；故得卦之時，次第進于幸迎。此卦三陰三陽皆從乾坤來；乾爲父，坤爲母，乾三索而得艮，爲少男，坤一索而得巽爲長女；女子及時而嫁，從禮而往漸之義也；蓋女之歸，謂其漸而得進也；此卦六二之陰正位于內，九五之陽正位于外，進以正往有功也；天下之事莫不貴進，其進也不貴迅速，必貴舒緩，進者漸也，世間急于功業者失漸之道；惟女之歸，存漸之有，此爻象所以取女之歸也；男女爲人倫之始，人事之至要也。

（各爻之解）此卦通觀六爻則卦本于乾坤，而三四往來陰進而止于四，居于九五而得中上六以陰居陰各得其所爻與家人同而其異處僅有初爻陰陽之別；故此卦在家則上下內外順，在國則上下安象取女爻象取鴻雁飛識時，女之歸而待聘漸之義也以是六爻之象其初栖息甚近其終飛翔甚遠；初爻所謂「干」者，取象于其進之始二三爻所謂「磐」者取象于其進三爻所謂「陸」者非不安也四爻所謂「木」者初危而終安也五爻所謂「陵」者升于天位之高也上爻所謂「陸」者人出于位之外初爻之不得不安者無應而不能進也三爻之不得不安者無德而不能進也四爻乘剛而有德故可以不安其舊；上爻過于高其德可法二五以中正而相應以是而獨得其吉卦盡皆以奇而先偶鴻之飛取象于有序下卦以一奇而率二偶上卦以一偶而隨二奇鴻

之飛,大者先行,小者隨之;本卦取象于此,陽大陰小,長幼之節,倡隨之禮,夫婦
之道也;六爻皆言漸,由初至上各有次序;與象辭漸進之義相對明矣。

（占）天氣降雨。○家宅平安。○己身之運氣,有木在高山,逢春發生之象。
○婚姻可成。○生產平安,秋得男,春夏得女。○仕宦成就。○謀事遲成。○盜賊,
其去不遠,追尋可以捕得。○失物,難尋。○出行,不利南方,東方吉○待人來。○
買賣漸可得利。○疾病凶。○希望求財之類有阻隔難成。

變卦

初爻變　訴訟半吉婚姻不成就,行人至求財無。

二爻變　諸事不吉。

三爻變　諸事均吉。

易經占卜靈書

四爻變　有與友人爭競之事。

五爻變　諸事半吉。

六爻變　婚姻不成諸事不吉。

雷澤歸妹　震上　兌下

父母　應　土　金

兄弟　火　土

官鬼　木

父母　火

妻財

官鬼

七月卦
春凶
夏吉
秋凶
冬吉

雷澤歸妹（兌卦之解）此卦，以兌之少女而下于震之長男，此少女嫁于少男之義又，兌悅震動夫婦之道悅而動則其情相和其道長久故名為歸妹，蓋此卦少長非偶夫婦之不正者也女子以夫為家，在男則曰娶在女則曰歸故漸曰女歸咸曰娶女此卦所謂歸妹征凶征者私驗也故凶所謂鑽只隙而相窺踰牆而相從父母國人皆賤之者所以痛戒之深惡之也故得此卦

者，難免意外之災，希望亦不能遂處非常困難之時也；卦體以陽而居陰，其位不當，是凶道也且以一陰而據二陽之上以柔而乘剛，故云：「利有攸。」蓋婦德一乘則家道由此而虧；牝鷄司晨其禍不可勝言也。

（各爻之解）此卦，通觀六爻則歸妹爲少女。少女無所知，故稱妹者昧也情欲相應見可悅而昏動不以禮，姊未嫁而妹先歸其序紊也躬爲媵妾而奪嫡越其分也婦人之德如此凶莫大焉何利之有六爻柔上而剛下，內外倒置二爻與四爻，以陽而居陰男以不正而從女也；三爻與五爻，以陰而居陽，女以不正而從夫也上卦爲六五乘九四，下卦爲六三乘九二夫屈于婦制其夫陰反居上，陽降居初，皆失其漸，故漸之六爻多吉至于上而愈吉；歸妹則初爻獨吉至于上則無利。

（占）天氣降雨有雷。○家宅，不能長保。○己身，一時雖發動，然而不久卽衰。○婚姻雖成然難偕者。○生產得女得男則母子均凶。○仕宦求小得大。○謀事，依賴婦人則可成。○訴訟，宜和解。○盜賊，在東南方，難捕○失物可以覓得。○尋人婦人則難尋。○出行不可與女子同行。○待人來。○買賣不成。○疾病凶。○希望，有妨礙。

## 變卦

初爻變　　婦人之事宜防口舌謹愼則諸事均吉。

二爻變　　性急慮近則心勞而無益。

三爻變　　進凶退則吉。

四爻變　　易進而難退必有後悔。

五爻變　諸事均吉。

六爻變　必有·意外之損失。

雷火豐
震上
離下
離

官鬼　士　金
父母　世　火
妻財　水　身
兄弟　　土
官鬼　應　木
子孫

九月卦
春吉
夏平
秋凶
冬平

雷火豐（全卦之解）此卦震雷在上，離火在下，雷電同發，或奮或閃，

其勢盛大，離日震動合體，日動于天上，普照四海，有光明盛大之象，故名為豐，

豐者大也，得此卦者氣運雖盛大，然而過大則失其形，盛者衰之始，故萬事宜

退而不宜進，蓋此卦以上之互卦為兌澤，期其惠澤之豐盈；下之互卦為巽，以

巽為利，期其財利之豐，富然而豐于財者昏多，欲豐則亂，多以是而豐之所有，

憂常伏之，卦體互卦有大過，大過者過于中也，過日中則昏，去日中則缺。

（各爻之解）此卦，通觀六爻，則卦體以離遇震，以震爲行以離爲光明；動，動而爲也。故得亨通而盛大初爻如日之始出，尚未行動二爻如日之方中，故有孚吉三爻之明蔽于斗，四爻亦爲明蔽于斗；五爻與二爻相應，有喜慶吉；上爻豐極而凶，六爻皆有明之象而爲災爲疾爲斗爲凶皆弊其明而害其動；惟五爻獨吉。

（占）天氣降雨，將有大水。○家宅，財氣頗豐，在山岳之間。○己身氣運旺盛，惟居豐而不忘歉，則可永保此氣運。○婚姻不利。○生產不吉○仕宦可成，有威名發達之象。○謀事初難成，後可成。○訴訟先吉後凶小事與大事均可成，○盜賊可得。○失物在東方可以尋得。○尋人難見。○出行宜緩。○待人不來。○買賣可成。○疾病重。○希望遲成。

變卦

初爻變 婚姻成求財可得，待人及尋人不利。

二爻變 待人歸，訴訟凶病凶其餘皆吉。

三爻變 訴訟吉其餘半吉。

四爻變 求財不得其餘均吉。

五爻變 求財不得。

六爻變 訴訟勝，婚姻吉謀事成。

火山旅
離上　火　七
艮下

兄弟 ▅▅▅ 火　　金
子孫 ▅　▅ 身　金
妻財 ▅▅▅ 應　火
妻財 ▅　▅ 　　土
兄弟 ▅　▅ 　　世　五月卦
子孫

春平吉
夏失財
秋凶
冬不利

☲☶ 火山旅（全卦之解）此卦，離火在艮山之上，有火燒山之象。火之焚

山也，山止而不遷，火遷而不止山猶如驛舍，火猶如旅人遷移而不定，此行旅之義也故名曰旅。得此卦者如在異鄉，百事不能自由。此又為始吉而後憂之卦，宜常謹愼流寓而無友惆悵而自憐其窮厄而不亨又不足怪在不亨之地，欲求其亨，則惟在柔和涉世明察而審將來而已柔則以喜相親與世無忤明則以誠接人而不相欺縱不能大有所得亦可稍亨旅之貞吉者此也不得旅之貞吉則患在過剛，亦在不明，剛則與人不利昧則不能保身處旅者宜知此義也。

（各爻之解）此卦，通觀六爻則艮山止而在內，離火明而燭外下卦則為旅客遠行之象上卦則為流寓之象；互卦有大過，為跋涉道路之象六爻之辭，曰所曰次曰處曰巢各得其地也；曰焚曰亡各失其地也凡羈旅之人柔

和而宜從人，剛暴而不可自怪故六爻以柔爲吉以剛爲凶：初爻以柔居下，此旅之微賤者也；二爻柔中而兼得者也三爻過剛而喪者也四爻雖得以剛居柔然而不快者也；五爻柔中，費少而得大者也；上爻剛而居上，有大喪而凶者也；總之明者有譽昏者有災得柔而喪剛者也。

（占）天氣降雨。○家宅有小屋宜防火災。○己身，氣運未盛若有災害，應自己解脫。○婚姻女子無父母不利夫家。○生產得女。○仕宦難成。○謀事不依賴人自求則成。○訴訟宜和睦不睦則有災。○盜賊難捕。○失物往遠處尋之可得。○出行不利。○待人來。○買賣可得。○疾病凶○希望小事成大事難成。

變卦

易經占卜靈書　　　　三五四

初爻變　貞明則吉。

二爻變　諸事均吉。

三爻變　諸事均吉。

四爻變　有災害。

五爻變　諸事多阻碍，性急則敗。

六爻變　宜靜養有誠信之必則吉。

巽為風

巽上
巽下

兄弟　一世　木　火　土
子孫　　　　金
妻財　一身
官鬼　一應　水　土
父母
妻財

四月卦　春平　夏吉　秋凶　冬吉

三　巽為風（全卦之解）巽者遜也入也，巽為八卦之名，此卦重巽，故亦名巽卦之象，二陽在上一陰伏于下陽實而陰虛虛則能入風無形無色本為

虛之象；風之所行，無隙不入；普入物之虛者莫如風，故取象于風以卑順爲體，以容入爲用，得此卦者應取法于此卦之溫順，從人而爲事；能以卑賤自居者，皆無不容；此人事用巽之善者也；然而不剛則不能自立，故所成不大此彖辭所以有「小亨」之言也又，以陰爲主才力弱而無所設施亦不過小亨而已。

（各爻之解）此卦通觀六爻，則卦之爲體，一陰伏于二陽之本陽上而陰下，情相得而陰又能入其入陽也陽遂俯而聽令以是之故陰爲主而陽爲從故巽之陰能權能制非優柔不斷者也惟柔能從剛，故六爻多吉初之進退二之紛若其謀審也三剛而不中，故不能謀又不能斷，志窮而吝者也；四爻重巽之主以斷爲功；五爻中正而居尊位，志行而貞吉者也。六十四卦之中，九五有貞吉无悔之勢者惟此一卦；上爻居卦之極，任事而益勇決，不能巽懦自甘退

伏，貞凶者也。繫辭傳中所云：「巽稱而隱」，非唯諾諂奉之謂亦非僅柔陰陽

剛柔相濟而爲用者也。

（占）天氣，有風。〇家宅宜近寺院二人同居。〇己身，運氣順遂諸事平安。

〇婚姻，先難後易。〇生產，秋夏得男五爻變則難產。〇仕宦，先難後安。〇謀事，

宜急求。〇訴訟可以利解。〇盜賊，隱于西北方廟宇中可以捕得。〇失物，難得。

〇尋人可遇。〇出行宜二人同行，不宜往西北方。〇待人不來。〇買賣成。〇疾

病危。〇希望半吉。

　　　　　　變卦

　初爻變　宜愼色情與親人和睦。

　二爻變　貞淑則得人之助。

三爻變　不變動則後有利益半吉。

四爻變　勞而無功，且將受婦人之害。

五爻變　將有意外之爭論。

六爻變　守舊則吉。

兌為澤　兌上
　　　　兌下

父母　　　土　金
　　　　　水　土
兄弟　子孫　木　火
父母　妻財　官鬼

十月卦
春吉
夏凶
秋吉
冬疾病

兌為澤（全卦之解）兌者悅也，兌木為八卦之名，此卦重兌，故又名兌卦。兌卦象以一陰之卑賤在二陽尊貴之上；卑者在尊者之上則其情必喜故得此卦者喜雖顯于外然而事物無規律，久而不得要領又外觀雖好，內心則有不善之意；此卦于時為正秋蓋萬物至秋而成熟人得其食用悅其豐盈，百事

亨通，人心自然歡喜故兑者悦也；兑爲口舌笑言自口出兑爲輔頰現于人之面世之妍飾外貌者往往以容悦爲一土；其品愈卑其心愈僞只求悦事而不知悦之利貞象辭曰「利貞」所以戒之也。

（各爻之解）此卦通觀六爻則六爻雖皆言兑然而各有剛柔之分；四剛皆君子，二柔皆小人又在四時方面巽水爲春龍見爲夏兑金爲秋天以三時生物木氣發生金氣收斂巽兑二卦相反適以相成中皆以互卦爲離三時相困，爲生尅自然之運初九之和而兑得象辭之利者也；九二之孚而兑得象辭之貞者也九四之喜喜有利也；九五之屬取其貞也；六三之來而兑以陰柔而使人悦而來，有詐僞之風而凶者也上六之引而喜雖未言凶然而上六與三同體三既不正上又引之後事之失亦所難免故傳云：「未光也。」

易經占卜靈書　　　　三五八

（占）天氣，降雨。○家宅宜防女禍，有憂無喜。○己身，氣運不穩，但防有病。○婚姻有口舌。○生產平安。○仕宦可成宜依賴朋友之力。○訴訟可和。○盜賊難捉隱于東北方。○失物難尋。○尋人可得。○出行，先有損失，後有喜慶。○待人來。○買賣依賴人之扶助，則可得利。○疾病重而危。○希望多而難成。

變卦

初爻變　不正而剛強則有災害。

二爻變　守舊吉又可得貴人之助。

三爻變　貞正則先勞後吉。

四爻變　宜防小人。

五爻變　有婦人之災事多不如意，宜謹愼。

六爻變　貞明則吉。

䷺ 風水渙（全卦之解）此卦，巽風在坎水之上，風之行水上也，水必被

風水渙　巽上
坎下

父母　一身　一世　木火土 木
兄弟　一　火
子孫　一　土
兄弟　一應　木
子孫　一
父母

三月卦　春平
夏吉
秋不利
冬吉

風吹散又以巽之春風，而吹坎之冬冰，此爲春風解散冰凍之象坎險巽順，我
難彼順，雖陷于險然有使難渙散之象故名曰渙渙者散也得此卦者雖可脫
離凶事然有散亂之象故難免損失之憂；又爲舟楫之象，有達于遠方之義故
遠處之交涉吉此卦次于兌悅而後散者也；在人事方面一身之所患胸懷不
暢則生疾意氣不舒則啓爭一家之所患，內外間隔則弊成上下壅阻則亂作。

使之渙散則百弊均解，萬事亨通；譬如：雲霧陰冥得風而渙散溝瀆污濁得水而流通蓋此卦九二之剛由外來而濟柔動于內而無險困之難六四之柔往外而輔剛止于外而無達迄之乖；往無不吉事無不亨故以渙處己則心平以渙待人則情洽雖一度生疑慮然而渙然冰解其用無窮。

（各爻之解）此卦通觀六爻則渙者離也離者仍合散而後聚故全卦有離合聚散之象六爻言渙皆寓聚暗之象初爻處于坎下始陷于險者也然雖遇險亦能順而得吉二爻以陽居陰脫陰亡悔者也三爻當坎險之時忘身赴難出險而无悔者也。四爻出坎入巽化險爲夷得元吉者也。五爻陽剛中正而居尊位以天下之險爲己之險，渙散天下之險而得无咎者也。上爻高居卦外，超然遠舉遠于害而无咎者也蓋天以風之疎散化育羣生地以水之流通置

注四海平天下之亂解萬事之紛者莫如此風水之象。

（占）天氣降雨。○家宅前有川主人不安甯。○己身，運氣雖亨通然宜防心中變動。○婚姻不成。○生產春夏得男秋冬得女。○仕宦，先難後成。○謀事，先成後敗。○訴訟，可緩不可急。○盜賊難捕。○失物，難得。○尋人，在南方可以覓得。○出行不宜遠行。○待人不來。○買賣難成。○疾病凶。○希望可成。

### 變卦

初爻變　　有關于色情之災難。

二爻變　　先凶後吉。

三爻變　　性急則家內有災害。

四爻變　　有爭論口舌，諸事和順則吉。

五爻變　宜守舊。

六爻變　諸事凶宜防盜賊。

水澤節 坎上 兌下

兄弟 ▬▬ 身　土
官鬼 ▬▬ 　金
父母 ▬▬ 應　土　　　木·火
官鬼 ▬▬ 　木·火
子孫　妻財　一世　十一月卦

春吉　夏吉　秋凶　冬凶

水澤節（全卦之解）此卦，坎水在兌澤之上；水之在澤也，多則溢
則渴；應其限量以止蘊之故名曰節。節者，適中有限之謂也。得此卦者宜安分
守己切忌貪心不足傷節失度則後必困窮；此卦以三陰三陽而陰陽均適坎
之剛在上而兌之柔在下，剛柔分而上下不亂坎險兌悅，使人悅而
迫故節而得中則亨不得中則不亨而窮。此非節之咎，不得中之咎也。例如：飲
食不節而致疾言語不節而貽羞，財用不節而家敗色欲不節而傷身矯其弊

者，絕食織曰靳財斷欲則雖節之其苦不堪節而不得其中反而窮者以何而亨耶？夫人事之不亨皆由剛柔之失中過剛則移過柔則咎道以是窮也。

（各卦之解）此卦通觀六爻卦象以坎為上以兌為下爻取剛柔均分當位則吉陽者實陰者虛實者塞虛者通節者竹節也；竹之通處曰空塞處曰節。凡立物之廉隅而分經界者皆節之義也；蓋聖人以至中為節其節無心天地人有通塞之義故六爻皆取通塞以言吉凶初爻知可塞而塞故不出而无咎。以循運為節其節無形在卦則以坎兌相成為節，其節有象聖人取其象以示二爻宜通而塞故失時而凶三爻不塞而塞咎復何辭。四爻，塞而能安者也。五爻為全卦之主中正而通者也上爻塞而不通苦節而凶者也易道戒盈故以節防盈然而其節過度，亦難免凶咎此節之所以貴中也。

（占）天氣，降雨。○家宅吉，但宜防盜賊。○己身，運氣未盛宜待時。○婚姻成。○生產平安得女。○仕宦不成。○訴訟可以和解。○謀事，再三求而後成。○盜賊，在西北方。○失物難尋。○尋人急尋之則可得。○出行利西北不宜急行。○待人不來。○買賣難成。○疾病凶○希望難成。

變卦

初爻變　　訟有理有貴人助，吉。

五爻變　　求財得謀事成訴訟得貴人之助而勝失物可以尋得。

四爻變　　訴訟和睦生產得女待人即來諸事半吉。

三爻變　　出入疾病訴訟均凶尋人可遇婚姻不成餘不吉。

二爻變　　訴訟可和求財不得婚姻成出入吉謀事不成待人歸。

六爻變　出入謀事，求財婚姻，訴訟均半吉。

風澤中孚
巽上
兌下

| | | | |
|---|---|---|---|
| 官鬼 | ━━━ | 木火 | |
| 父母 | ━━━ | 土 | |
| 兄弟 | ━ ━ | 世 土 | |
| 兄弟 | ━━━ | 木火 | |
| 官鬼 | ━ ━ | 身 應 | |
| 父母 | ━ ━ | | |

八月卦
春平
夏平
秋吉
冬吉

䷼風澤中孚（全卦之解）此卦以巽為上，巽風應時而發四時不愆其候，則為風之信兌澤之水朝潮夕汐而不爽其期者澤之信也。在全體方面二陰在內四陽在外；在二體方面二五皆陽陰者虛也陽者實也二陰在內者中虛之象二五皆陽者中實之象中虛者無心之信中實者有心之信中虛者信之本也；中實者信之質也中虛中實並具有心無心之信皆備也。且中孚為全卦之離離者心也信者固有者也故名曰中孚。中孚者中有信之謂也得此卦者正直則吉邪曲則凶其相應者有善與不善不可不熟察也此卦三四兩爻，

三七八

陰柔合而在兩體之內；二五兩爻，陽剛而各居一卦之中；柔內剛中，上巽下悅：相輔而行乘天下之所順，行天下之所悅。卦體中虛隨虛舟之風而往來與波上下任天而行。以此心而往則雖危而可涉往無不利此中孚利貞之所以吉也。

（各爻之解）此卦，通觀六爻則卦體如鳥卵，初上兩奇包于外如卵之甲壳；二五之陽如蛋白三四之陰如卵黃鳥覆育其卵曰孚應期而化子由中出，故曰中孚。卦體以巽爲上以兌爲下巽爲東南而司春兌爲正西而司秋。由春至秋，由東至西天地生物之功畢矣。在五行方面兌爲金巽爲木以金剋木也。造物之理生殺相因。卵不裂則鳥不可成巽木之利于涉者兌金之功也。故兌毀折而後悅也初爻爲鳥伏子之象其心專一二爻爲受卵之象其化將成故

有「鶴鳴于陰其子和之」之辭；三爻子在殼中有成敗可憂之象故有「得、敵」之辭四爻有孵卵將成之象故有「幾于月望」之辭五爻成雛鳥之翼，有飲啄相呼之象故有「有孚攣如」之辭。上爻習雛之飛有其晉上下之象，故有「翰晉上天」之辭在人則初上爲軀三四爲心二五爲情然而三四同虛而有善于不善之別正則善不正則不善爻得位則正失位則不正初爻得位二爻得中三爻不當位四五兩爻當位上爻不當位故初二四五等爻爲孚之善者三上兩爻爲孚之不善者也。

（占）天氣有風○家宅雖可久保然有禍患。○已身，初盛而後衰又宜防風波之難。○婚姻雖成而凶將有訟事。○生產平安得女。○仕宦可成。○訴訟。戀則有利遲則有妨。○盜賊在東方可捕得。○失物難得。○尋人難遇。○出行，

吉。○待人來。○買賣，難成。○疾病，多凶。○希望，可成。

　　　　　　變卦

初爻變　謀事成求財吉婚姻成訴訟勝。

二爻變　訴訟宜和解婚姻成病愈謀事先敗後成，求財得半。

三爻變　出入不利訴訟和睦婚姻成就，求財可得。

四爻變　婚姻成求財有疾病安諸事吉。

五爻變　病凶行人至求財有失物難尋謀事有利。

六爻變　婚姻成失物有訴訟敗諸事半吉。

雷山小過　震上　艮下

父母　▅▅　▅▅　土
兄弟　▅▅　▅▅　金
官鬼　▅▅▅▅▅　火　世
兄弟　▅▅▅▅▅　金
官鬼　▅▅　▅▅　火
父母　▅▅　▅▅　土　應

二月卦

春吉　夏吉　秋凶　冬平

震山小過（全卦之解）此卦，震上而艮下，震動而艮止動止宜得其中。不動而止皆過也。又在全體方面二陽在內四陰在外陰過于陽也陽大陰小，所過者小故名小過。小過者少過之義也。得此卦者宜為小事不宜為大事。此又為飛鳥之象目見鳥之飛耳聞鳥之聲而手不能取有意常不滿萬事難成之意此卦，小事可成；二五之柔得中者也大事不可成三四之剛，不中與不正也。二陽在中為鳥之身四陰在外為鳥翼將飛之象。飛鳥過高欲下不得哀鳴而求救上則愈危下則可以安集故有「宜上不宜下」之辭。人驕亢則危，遜順則安蓋謙卑而下人則雖不能當大任，亦可為小事而獲吉。

（各爻之解）此卦通觀六爻則上下四偶艮欲止震欲動四陰用事二陽在凶而多懼之地。陰任所往而不能自止鳥振翼高飛而身不能自主冀之飛

愈高，而身愈不安，哀鳴而求援不得，所謂飛鳥遺音也。故小過之時，下止則吉，上動則凶，六爻皆取飛鳥之象。初上在外翼之翰皆凶；二五為翼，二無咎五雖中而無功。此上下之別也。三四為身，三為艮止之主，不能止而應上，故凶四為震之主雖動而應下，故死咎上則逆，下則順，道由是成也。

（占）天氣，降雨。○家宅戶主有兩人無利。○己身病難防。○婚姻難成。○生產有難。○仕宦難遂。○謀事可成。○訴訟宜和解。○盜賊難捕。○失物難得。○尋人與他人同行尋之可得。○出行凶。○待人來遲。○買賣難成。○疾病可以治愈。○希望難成。

初爻變　　　變卦

尋人與他人同行尋之可得　　不可輕舉妄動。

二爻變　守舊則大吉。

三爻變　關于婦人之事，將有口舌。

四爻變　身心堅固則大吉。

五爻變　諸事均吉。

六爻變　將有疾病及損失。

水火既濟

離下　坎上

兄弟 ▬▬ 水　　應

官鬼 ▬ ▬ 土

父母 ▬▬ 金

兄弟 ▬ ▬ 土　　世

官鬼 ▬▬ 木

子孫 ▬ ▬

正月卦

春平
夏凶
秋平
冬吉

䷾ 水火既濟（全卦之解）此卦坎水在上，離火在下，水火二物，相資而為用，成既濟之功。改名曰既濟，既濟者濟于旣也。此卦，事既成遂又有衰意。初而終亂者，雖能成就，然而終則難免破壞。得此卦者宜防禍慮患若能防禍

憂患毫不懈息則終吉也既濟未濟二卦處易經之終其象皆取坎離坎離象

水火為人生之大用水得火則不寒而資生之利善火得水則不燥可成烹飪

之功。水火相濟故曰既濟；

以為既濟者在此。然當既濟之時徒拘目前而志滿氣盈失保之之道故亂由

此起。凡人靡不有初鮮克有終見此卦而應知所戒矣。

（各爻之解）通觀六爻易經六十四卦始于乾坤上經三十卦終于坎離，

天地之所以終也下經三十四卦終于既濟未濟坎離之所以交也天下之事，

未濟則憂其不濟既濟則宜圖其永濟。終非無始往非無來一治一亂者天也。

一陰一陽者道也天無無陰之陽世無無亂之治。今觀六爻則六位得所奇偶

各三其數均勻以陰居陰以陽居陽而當其位六爻上下剛柔相配其應正也；

乾坤以來，三百七十二爻循環往復，變化交錯，然後得既濟以成濟世之功；由之慎始圖終則治而不亂，固為萬世人民之幸福。然而亂極則思治，治極則思亂；天運有剝復，而卦象示其機。下為離而互卦坎，上為坎而互卦離，反復之象也。以陰乘陽初治而終止者盛衰之兆也象辭有「愁之則亂」之言造化之數，不能長治久安者，非人力之所能強為也。初剛二柔三剛四柔五剛六柔與天一地二天三地四天五地六其數相合。然至于六而止天地之數未完而未濟已來皆自然之法象也。故眾人以既濟為喜，聖人以既濟為憂。未治者易治，既治者難保也六爻以孜孜保濟者各有其序也。初爻為濟之始力求其濟者也二爻得濟之中不失其濟者也三爻涉濟之險其濟甚難者也四爻處濟之時，有濟而復失之懼也；五爻受濟之福其濟合時而有喜也；上爻當濟之極慮

其濟之不久也。凡卦皆至終而窮，既濟之終則為未濟；未濟六十四卦窮于未濟，則

既濟之初吉其可恃耶？

（占）天氣降雨。○家宅，不安。○己身，為氣運全盛之時，盛極則必衰，須防後患。○婚姻，急則凶遲則吉。○生產，春夏得女秋冬得男無障碍。○仕宦，先有辛勞憂患，終則升至高宦顯職。○謀事，求三次可得。○訴訟，後可和解。○盜賊，在近處可捕得。○失物難得。○尋人可得。○出行，宜與人同往東北方，不宜獨行。○待人來。○買賣，依賴貴人之力則吉。○疾病凶。○希望難成。

變卦

初爻變　訟勝，婚姻不成失物不見，其餘吉。

二爻變　病危，求財不得謀事及其他諸事均凶。

三爻變　訴訟長久病凶其他諸事均吉。

四爻變　訟有理病吉其他諸事均吉。

五爻變　求財有訴訟吉待人不來。

六爻變　失物不出求人與財吉謀事可成。

火水未濟
離上　火
坎下

兄弟　▅▅▅　應　火　土　金
子孫　▅　▅　　妻財
兄弟　▅▅▅　世　火　土　土
子孫　▅　▅　身
父母

七月卦　春平　夏平　秋安　冬吉

火水未濟（全卦之解）此卦與既濟相反；離火在上，坎水在下，水火未交，而不為烹飪之用，故名曰未濟。未濟者尚未濟也。從此以後水火相交而臻于濟，故此為後來獲吉之兆。其趣大抵與既濟相似；既濟大抵由吉趣凶，未濟則由凶向吉。得此卦者事雖未濟然宜勉期其濟；一時雖不濟，然而後則必

濟。若安于未濟，而不求其濟，則終于未濟夫人之涉世不能無險當險則不能不求其濟處于未濟者能涉險而出于險外必求達于彼岸不半塗而廢則由未濟進而爲既濟復何往而不利耶人事當此絕而復續終而復始已然者保而不失未然者進而無窮如此則未濟者必濟一時未濟者位之不當也此卦，水火轉倒而各失其位。故而不爲用。不相爲用則不相濟然而亦非終于不濟卦體上互卦有坎下互卦有離坎剛離柔上下相應未濟之進而爲既濟也剛柔相應以柔濟剛卽以終續始復何險之不濟耶天道循環人事代更不過剛柔相應而已。

（各爻之解）此卦，通觀六爻則既濟已有功，未濟事復始；終而復始，有生生之義生生者易也易之所以終于未濟也既濟者水在上而勢欲下火在下

而勢欲上二氣參和，而交致其川。未濟者反之；炎上者上升流下者反下分脊

而不交不相為用；然而共致其用，則其川已成，不相為用則正待其用。故坎離

之既濟未濟者猶如乾坤之泰否泰極則否既濟而後未濟其象相同下三爻

者，未濟中之未濟也；上三爻者未濟中之既濟也。由未濟而既濟，故交象視既

濟為吉聖人當既濟之時，不忘未濟之念當其未濟者益切既濟之圖業必慎

始功不隳于垂成。天運永貞治道藉以長久。此卦陰陽倒置交位失當坎離不

能各安其宅，水火不能互藏其用。六爻位雖不當柔剛則各相應。初爻濡尾，無

濟之具二爻曳輪為濟之具三爻涉川躁動故凶內卦三爻皆欲濟而未濟四

爻有賞震代而行志五爻有輝光以孚而得吉也。上爻濡首飲食而失節也。外

卦三爻皆由未濟進而為既濟者也二五兩爻為正應，故曰：「皆貞吉」也。初

四兩爻雖相應，然而初當濟之初，四則得濟之中故初不如四之吉，三與上皆處極位三爻以皆濟而失利上爻以既濟而言節皆所以示戒也戒之者所以保其終也易之道以不終爲終卽始也故乾曰：「首無」坤曰：「終無」六十四卦不終于既濟而終于未濟者既濟已盡未濟無窮以既而啓未以未而續既乾坤之大用卽在于坎離之相續。

（占）天氣降雨晴後有旱之兆。○家宅宜改易方向。○已身，現在運途顚倒之時，諸事宜愼。○婚姻，先難後成。○生產平安內三爻動則得男外三爻動則得女。○仕宦宜遲○謀事，可成。○訴訟宜和。○盜賊，在眼前可以捉得。○失物，可以尋得。○尋人自歸。○出行宜近不宜遠。○待人不來。○買賣先難後成。○疾病有凶兆。○希望可成。

變卦

初爻變　有女人之害勞苦多宜有信心。

二爻變　貞正而進則吉以我意而進則有後悔。

三爻變　信心深之人家內有害。

四爻變　依從貴人尊長之言則吉師心自用則凶。

五爻變　將有與親人口舌爭論之事宜注意。

六爻變　守舊則吉妄動則凶。

風雷益　震下　火　土　金　　一應一兄弟

巽上　　　水　土　　　　　小兒　官鬼

　　　　　　木　　　　世　妻財　子孫　父母

七月卦　春凶　夏吉　秋大吉　冬平

䷩風雷益（全卦之解）此卦巽風在上震雷在下，雷風相交而相助相

益。雷迅則風怒，風烈則雷激。巽之長女在上，震之長男在下；夫婦和睦，家有吉

祥之象，故名爲益。益者增也得也。得此卦者賴人之助，受人之惠，夜神利益之

意益已而損人者，非益也。已有益而無損于人始可稱爲益卦名雖吉然而此

卦身心辛苦居住不安，有破財敗產之象。

（各爻之解）此卦通觀六爻，則天地否時，有初六去而四在，九四來而初

居之象損上益下損君益民者也。治國之道損君之財而惠民則其國富強益

之義也。初九爲事之始，圖利益謀恆久，使天下受益者也。六二中正而受益，永

貞而吉者也。六三以陰取陽爲震之極雖動而求益然其志救凶而无咎者也。

六四居巽之初與五爻相比與初爻相應有益下之志者也。九五剛健中正以

益爲主惠下而爲益也。上九陽剛而在外卦之極求益過甚，有凶者也。要之卦

義與損相反；六爻之義亦與損先後互相反。

（占）天氣陰○家宅多破損之處宜修理，又當慎防火災。○己身，運氣尚佳。○婚姻吉○生產平安○仕宦不吉○謀事，不成。○訴訟宜自己反省○盜賊難捕。○失物可以尋得。○尋人難遇。○出行急則有災獨行則諸事不成。○待人來遲。○買賣成。○疾病凶。○希望難成。

**變卦**

初爻變　不可性急，正直則得貴人之助。

二爻變　宜慎色情，順從二人之言則吉。

三爻變　宜守舊。

四爻變　妄動則凶。

五爻變　諸事均吉。

六爻變　諸事先凶後吉。

易理編（終）

易經占卜靈書

三八三

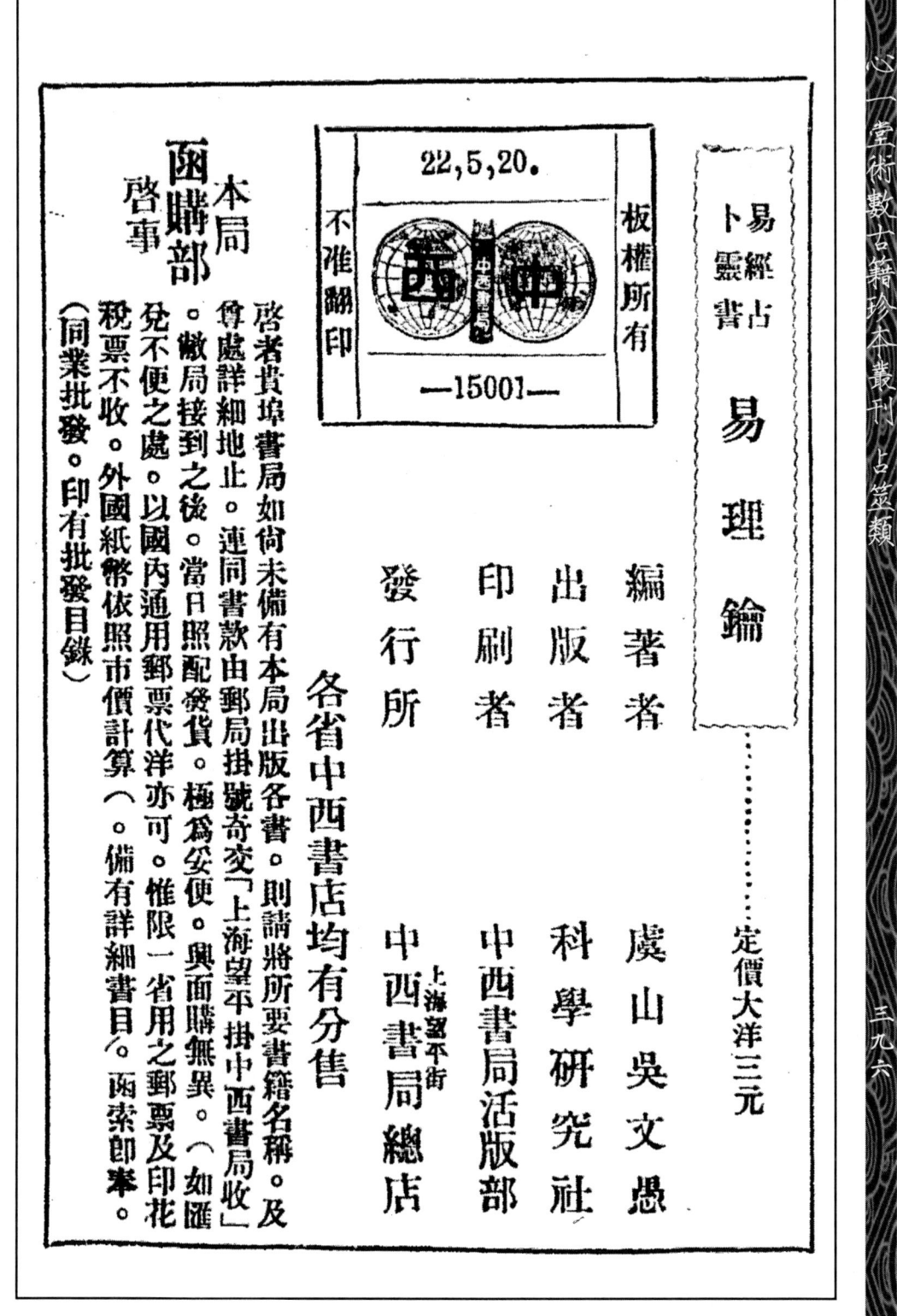

易經占
卜靈書

易 理 鈴

定價大洋三元

編著者　　　虞山吳文愚

出版者　　　科學研究社

印刷者　　　中西書局活版部

發行所　　　上海望平街　中西書局總店

板權所有

不准翻印

22,5,20.

—15001—

各省中西書店均有分售

本局　函購部　啟事

啟者貴埠書局如尚未備有本局出版各書。則請將所要書籍名稱。及
曾處詳細地址。連同書款由郵局掛號寄交「上海望平街中西書局收」
敝局接到之後。當日照配發貨。極為安便。與面購無異。（如匯
兌不便之處。以國內通用郵票代洋亦可。惟限一省用之郵票及印花
稅票不收。外國紙幣依照市價計算（。備有詳細書目。兩索即奉。
（同業批發。印有批發目錄）

三九六